U0543037

"专精特新"系列丛书

筑基者

乐研科技与信创产业二十年

袁璐 —— 著

CYBER
TRAILBLAZERS

ROYALTECH & 20 YEARS
OF ITAI INDUSTRY DEVELOPING

经济日报出版社

图书在版编目（CIP）数据

筑基者：乐研科技与信创产业二十年 / 袁璐著. —
北京：经济日报出版社，2023.12
　　ISBN 978-7-5196-1349-5

　　Ⅰ.①筑… Ⅱ.①袁… Ⅲ.①电子工业 - 工业企业管
理 - 北京 Ⅳ.① F426.63

　　中国国家版本馆 CIP 数据核字（2023）第 189619 号

筑基者——乐研科技与信创产业二十年
ZHUJIZHE——LEYAN KEJI YU XINCHUANG CHANYE ERSHINIAN

袁　璐　著	
出　　版：	经济日报出版社
地　　址：	北京市西城区白纸坊东街 2 号院 6 号楼 710（邮编 100054）
经　　销：	全国新华书店
印　　刷：	北京天恒嘉业印刷有限公司
开　　本：	710mm×1000mm　1/16
印　　张：	14.5
字　　数：	150 千字
版　　次：	2023 年 12 月第 1 版
印　　次：	2023 年 12 月第 1 次印刷
定　　价：	68.00 元

本社网址：edpbook.com.cn　　　　　　微信公众号：经济日报出版社
未经许可，不得以任何方式复制或抄袭本书的部分或全部内容，版权所有，侵权必究。
本社法律顾问：北京天驰君泰律师事务所，张杰律师举报信箱：zhangjie@tiantailaw.com
举报电话：010-63567684
本书如有印装质量问题，请与本社总编室联系，联系电话：010-63567684

致敬每一名筑牢网络安全基石的守护者

序一

推动网络安全和数据安全产业高质量发展

欧阳日辉

数字经济正成为重组全球要素资源、重塑全球经济结构、改变全球竞争格局的关键力量。网络和数据安全是数字经济的基石，数智化和安全是数字经济这一体的两翼、驱动之双轮，坚持统筹发展与安全，增强网络安全防护能力、提升数据安全保障水平，防范和化解数字技术及其应用所产生的数据安全和网络安全风险等，才能推动数字经济规范健康持续发展。网络安全和数据安全共筑数字经济发展的"护城河"和"城墙"，必须筑牢数字安全屏障，加强数字经济安全风险预警、防控机制和能力建设，夯实我国数字建设和数字经济发展基础。

数字经济发展需要统筹发展和安全

数字产业化和产业数字化过程中，网络化带来网络安全问题，数字化带来数据安全问题。网络安全和数据安全是不同的概念，网络安全是指网络系统的硬件、软件及其系统中的数据受到保护，不因偶然的或者恶意的原因而遭受破坏、更改、泄露，系统连续可靠正常地运行，网络服务不中断。数据安全是指在网络安全提供的有效边界防御基础上，以数据安全使用为目标，有效地实现对核心数据的安全管控。随着数据跃升为数字经济关键生产要素，数据安全的内涵和保护对象不断延展，数据安全成为安全建设的重中之重。网络安全和数据安全影响我国企业正常运转，夯实数字经济发展的基础，助力数字经济高质量发展。

全球网络安全产业随着互联网商业化开始发展，数据安全产业是近几年兴起的新产业。网络安全和数据安全产业都是数字产业化的重要内容。伴随着我国不断推进数字经济、网络强国、数字强国、数字社会建设，数据安全产业成为数据安全工作的重要组成部分。所谓数据安全产业，是为保障数据持续处于有效保护、合法利用、有序流动状态提供技术、产品和服务的新兴业态。在日益严峻的国际网络空间形势下，为了推动数字经济健康发展，各国都在抓紧抢占网络安全和数据安全的制高点，争夺全球数据主权，引导构建数据安全产业发展格局。

网络和数据安全产业迎来黄金发展阶段

当前，我国网络安全和数据安全存在不少问题，数字经济发展面临安全威胁。比如，基础技术研发能力不足，关键信息基础设施安全保障须进一步加强，数据安全风险防范能力仍需持续提升。相关部门检测显示，IT信息技术、制造业和生活服务类网站漏洞数量排名前三，工程建筑、教育培训、互联网、医疗卫生、文化传媒、快递物流、交通运输等行业网站的漏洞数量也相对较多。制造业是涉及漏洞最多的行业，也是网络攻击的重灾区。据统计，88.6%的新增工控系统安全漏洞会对制造业产生影响。此外，许多软件项目仍然在使用十几年甚至二十年前发布的开源软件版本，存在很大的运维风险。如果没有网络安全和数据安全保护系统，事故频发，势必会导致企业被处罚，甚至停产或半停产。

高级持续威胁（APT）组织针对我国数字经济部门开展渗透。例如，2022年，奇安盘古实验室发现，隶属于美国国安局NSA的超一流黑客组织——"方程式"制造了顶级后门"电幕行动"（Bvp47），用于窥视和入侵控制受害组织网络，已侵害全球45个国家和地区的287个重要机构目标，被攻击的机构包括知名高校、科研机构、通信行业、政府部门等。2022年，针对我国的APT组织仍有不少以鱼叉邮件作为初始入侵手段，部分APT组织在攻击活动中还使用了0day漏洞。国内受害目标涉及政府、军工、能源等行业的重点单位，以及医疗、金融、科技等诸多领域，此外，一些APT组织针对我国企业在海外资产进行定向攻击。例如，BlackTech在过去三年间持续对我国金融行业和科技领域进行攻击；APT-Q-45针对"中巴经济走廊"项目国内承包商在巴基斯坦的资产进行攻击。

数据是数字经济的关键生产要素和重要战略资源，是创造价值的核心资产，但它还有安全属性，数据一旦泄露，将造成难以承受的后果。泄露个人隐私会影响个人的生活幸福甚至生命财产安全，网络诈骗导致家破人亡的案例时有发生，泄露国家秘密会危及国家安全。技术资料、经营数据、用户数据等企业商业秘密泄露后，可能会让企业的研发投资付之东流。

一方面，APP违规收集个人信息、数据滥用、数据污染等问题屡禁不止。比如，奇安信检测到2022年度违规收集个人信息问题的APP中，生活休闲类型的APP违规占比最高，高达43.5%；第二是网上购物类型的APP，占比9.2%；第三是办公商务类型的APP，占比8.4%。2022年度检测中，违规收集个人信息的APP中有24.7%的APP还存在高频次收集个人信息的情况，其中违规最严重的一款 APP 在短短 100 秒内对个人信息 IMEI 收集了 715 次。当前，数据资源高度集中、新技术新应用场景日趋复杂，数据流通活动涉及的环节、主体增多，加大了数据流向和使用追踪难度，安全责任难以界定。

另一方面，防盗窃和防勒索成为数据安全的新问题。算力泛在化演进和协同调度增加数据资产暴露面。算力网络、大型数据中心汇聚各行业的高价值数据，易吸引更高级别、更复杂的攻击。数据勒索成为数量排名第一的工业网络攻击威胁源，拥有丰富数据的工业企业生产系统成为被勒索攻击的首要目标。近几年，频繁曝出针对大型工业企业的勒索事件，根据国家工信安全中心统计，2021 年公开发布的工业领域勒索事件比 2020 年增长约 51.5%。攻击者将数据进行窃取和加密，导致数据丢失和系统／网络不可用等，严重影响系统和业务的正常运行。

从需求方来看，我国的网络和数据安全市场需求仍将保持高速增长。随着云计算、人工智能、大数据、5G 等技术的应用范围不断扩大，企业在运用新技术提高自身效率的同时也面临着更多由新技术诱发的网络威胁，网络安全和数据安全形势愈发严峻，促使政府和企业不断加大其在网络安全和数据安全上的投入。目前，我国网络安全下游用户仍以政府、电信与互联网、金融行业为主，来自上述领域的营收合计占比接近 60%。随着传统行业数字化转型步伐加快，政府和企业对于网络安全建设的需求仍将不断增加。当前，政企客户网络安全建设预算过低，我国政企机构的网络安全投资占比仅在 3% 左右，有巨大的上升空间。由于网络安全是攻防对抗行业，只有以"零事故"为目标的体系化服务，才能不断发现网络数据系统的薄弱环节，进而扩大市场需求。

序一

当前，政企客户的需求处在从买产品向买体系化服务的过渡期，这对安全产业提出了新要求，也给产业提供了新机遇。国际数据公司（IDC）预测，到 2026 年，我国网络安全支出规模预计接近 288.6 亿美元，5 年复合增长率将达到 18.8%，增速位列全球第一。

从供给方来看，网络和数据安全产业与发达国家相比存在较大差距，处于蓄势待发的起跑阶段。从网络安全产业链看，上游为设备/系统等供应商，如芯片、内存、操作系统、引擎等；中游为网络安全产品和服务厂商，如网络安全设备领域的防火墙/VPN、软件领域的安全性与漏洞管理以及服务领域的运维培训等；下游为应用领域，除个人消费者外，还包含政府、军工、金融、企业等相关领域。党的十八大以来，受下游需求及政府政策的推动，我国网络安全企业数量不断增加，从 2016 年开始进入快速增长阶段。

我国网络和数据安全产业在保障国家、社会和个人的信息安全方面发挥着重大作用，推动了相关产业链的发展，逐渐形成了设备、软件和服务三大细分市场和参与者众多的竞争格局。然而，2019 年我国数据安全市场规模仅为 38 亿元，在全球数据安全市场占比仅为 3.4%。我国有关部门提出，到 2023 年，网络安全产业规模要超过 2500 亿元，年复合增长率超过 15%。

痛点就是商机所在。未来，网络和数据安全产业布局有两大领域将充满商机：一是在车联网、工业互联网、物联网、智慧城市、数字乡村、智慧医疗、智能家居、元宇宙等新赛道上，提供网络安全产品、服务、解决方案的数据安全专精特新中小企业和专精特新"小巨人"企业将迅速成长，一批技术、产品全球领先的单项冠军企业进入爆发期，安全领域的企业数量进入高速发展期；二是推动数字技术和数字经济深度融合、促进数字经济和实体经济深度融合、形成科技—产业—金融良性循环，安全防护边界不断扩大，"零信任"、云安全、检测与响应等热点技术和数字化转型的整体安全方案成为企业研发重点，数据安全、工业互联网安全、网络安全服务将成为重点发展方向，大型设备和软件厂商将快速崛起。

聚焦网络安全产业领域，北京乐研科技股份有限公司（全书简称"乐研科技""乐研"）是专精特新"小巨人"企业中非常独特的一家。其在近20年的发展历程中，从学习、借鉴到独立研发，从低端到中端再到高端，一步步地构建起了国产网络安全硬件的产品体系和质量标准，最终抓住了产业爆发的契机，成为网络安全硬件平台中的佼佼者。

通过经济日报出版社出版、财经作家袁璐创作的《筑基者——乐研科技与信创产业二十年》一书，我们能看到中国信创产业的突围与递变，中国网络安全硬件产业从无到有、从小到大的发展历程，同时也能看到乐研科技凭借自主创新而实现的破局与跃迁。事实上，乐研科技所代表的，正是未来中国网络安全产业崛起的一种大趋势。

毫无疑问，网络安全和数据安全重要性将会进一步彰显。安全与发展统筹协调，既是数字经济与实体经济深度融合的内在要求，更是保障数字经济和实体经济高质量发展的必要条件。网络安全和数据安全产业的发展现状表明，无论是硬件还是软件，我们都需要在关键技术领域实现破局。只有如此，才能够充分抓住这一轮风口和机遇。所以，我们非常期待看到越来越多像乐研科技这样的本土企业迅速崛起，从而承担起

序一

推动网络安全和数据安全产业高质量发展的使命和责任，推进中国核心产业链与供应链向自主可控方向不断迈进。

中央财经大学中国互联网经济研究院副院长、教授

序二

从一家企业身上看到中国国产化未来

盘和林

提到网络安全,很多人会想到什么?可能会想到杀毒软件。随着系统迭代,杀毒软件在我们PC端和移动端的存在感越来越低,病毒在减少,杀毒软件的跳出频率也在减少。网络安全产业是一个不出事就很难被人感知的领域,我们只有在某个病毒肆虐的时刻,才会想起这件事;我们只有在系统崩溃的时候,才会去反思网络安全设施上的不足。

说来惭愧,作为数字经济的长期关注者,我的注意力焦点长期集中于芯片、操作系统、应用生态、工具软件、服务器、数据等,所以,对网络安全产业和网络安全平台,知识上存在很大的不足。而如今,《筑基者——乐研科技与信创产业二十年》这本书为我补上了不足。此书通过对一家网络安全企业——乐研科技二十年创业历史的叙述,既向读者展示了一家网络安全龙头企业的成长轨迹,也向读者描绘了中国网络安全产业的发展历程和心路历程。

中国网络安全平台已经实现了独立自主,技术实力不断壮大,而综观全书,网络安全企业乐研科技的成功主要受益于以下三点:

其一,创新技术积淀下的定制化产品响应能力。从早期的中低端安全平台,到后来的中高端安全设备,再到定制化的安全驱动和安全应用，乐研科技的每一次产品迭代，最初的动机都是为了响应客户需求，满足客户需要。可以说，客户是乐研科技创新的最大驱动力量。为满足客户的需求，乐研科技善于化不可能为可能。

当然，乐研科技的响应能力，也并非一蹴而就，乐研科技一手积淀创新能力，一手响应客户需要。通过重新组合技术来满足客户需求，在满足客户未来需求的基础上沉淀更多创新技术，以此来形成企业创新的正向循环。

其二，牢牢把握国产化这条主线。早年的乐研科技以英特尔芯片作为核心，而从2015年开始，乐研科技看到了国产化的重要性，以敏锐的嗅觉发现了网络安全产业的"危"与"机"，并做出积极研发创新布局。为实现国产化，乐研科技提出"1+3+N"战略，"1"是乐研科技自己，"3"是各个国产芯片厂商、操作系统厂商和BIOS（基本输入输出系统）厂商，"N"是客户。乐研科技之所以强调芯片、操作系统、BIOS三样，是因为这三者是当时乐研科技上游最重要的核心电子元器件和基础软件供应商。当时乐研科技推动国产化，一方面是看到了国产化在信创领域的重要性，另一方面也是因为国产供应商能够更快响应乐研科技对软硬件的需求，以减少产品bug。而当下，中美技术竞争进入白热化，乐研科技的全国产化安全平台正在我国网络安全领域发挥越来越重要的作用，可以说乐研科技是有先见之明的，也是幸运的。

其三，研发创新带起飞轮效应。从低端到高端，从硬件到软件，从设备到平台，乐研科技没有放弃对技术创新的追求，通过不断攀登来创造技术上的奇迹。一方面，乐研科技不断用技术研发来打破自己能力的天花板，将创新转化为能力；另一方面，乐研科技又在多元化方面保持审慎，一直坚持围绕网络安全平台这一主题，争做网络安全领域的"隐形冠军"，安安静静在网络安全平台领域做强做精。

综上，《筑基者——乐研科技与信创产业二十年》对乐研科技近20年创业史的描述，既是乐研科技自身企业成果的展示，也为中国信创企业提供了一条行之有效的发展路径。从本书中，我们可以获得很多，可以了解一家企业——乐研科技，可以了解一个产业——网络安全产业，可以了解一种方式——以创新谋发展的方式，可以了解一种趋势——国产化趋势。

浙江大学国际联合商学院数字经济与金融创新研究中心联席主任研究员
工信部信息通信经济专家委员会委员

自序

当前,世界之变、时代之变、历史之变,正以前所未有的方式展开。面对风高浪急甚至惊涛骇浪的严峻复杂环境,把关键技术掌握在自己手里,已成为衡量一国科技实力和综合国力的重要标志。筑牢数字经济安全发展的基石,成为高质量发展的必然要求,也只有补齐网络安全短板,夯实网络安全基础,才能整体提升国家网络安全的"水位"。这也是本书名为"筑基者"的题中之义。

网络安全和数据安全产业是数字产业化的重要业态。发展网络安全和数据安全产业,不仅能推进网络强国、数字中国和数字社会建设,也有助于做强做优我国数字经济。

2023年2月,中共中央、国务院印发了《数字中国建设整体布局规划》,明确数字中国建设按照"2522"的整体框架进行布局,即夯实数字基础设施和数据资源体系"两大基础",推进数字技术与经济、政治、文化、社会、生态文明建设"五位一体"深度融合,强化数字技术创新体系和数字安全屏障"两大能力",优化数字化发展国内国际"两个环境"。

作为数字基础设施的重要组成部分,信创与强化数字中国关键能力息息相关。一方面,农业、工业、金融、教育、医疗、交通、能源等重点领域正不断加快数字技术创新应用;另一方面,数字技术和实体经济的深度融合，也倒逼数字技术创新体系必须自立自强，数字安全屏障必须可信可控，信创替代的空间不断扩大。

同时，从需求方来看，我国的网络和数据安全市场需求仍将保持快速增长。据IDC数据显示，到2026年，中国网络安全支出规模预计接近288.6亿美元，5年复合增长率将达到18.8%，增速位列全球第一。其中，属于网络安全硬件的统一威胁管理（UTM）将主导网络安全硬件市场支出，超六成的硬件支出将流向该市场。IDC预计，到2026年中国统一威胁管理市场支出将超过60亿美元。

在顶层政策规划和旺盛市场需求的双重驱动之下，我国信创产业，即信息技术应用创新产业，正迎来发展黄金时期。在信创产业中，CPU是"心脏"，操作系统是"灵魂"，安全硬件是"基石"。我国信创整体解决方案的核心逻辑在于，形成以CPU和操作系统为核心的国产化生态体系，系统性保证整个国产化信息技术体系可生产、可用、可控和安全。

九层之台，起于累土。国产化信息技术体系中的网络安全硬件平台，是保护网络安全的专业设备，是网络安全解决方案的硬件载体。与传统服务器、工控计算机等通用计算硬件设备不同，网络安全硬件产品服务场景更加差异化，对硬件平台厂商资源整合能力要求更高。

该如何确保网络安全的专业设备高度稳定、深度定制、集中供应？自2006年成立的乐研科技选择从应用国外芯片入手，逐步适配广泛国产化芯片，小跑迭代，先行先试，再优化固化，不断扩充产品线，最终形成传统网络安全、信创安全、工业网络安全等多种硬件平台解决方案。

这条从强敌之中寻出路，逐步搭建自主研发力量的路线，也为信创行业国产化提供了一条参考路径，形成"新雁阵模型"。传统雁阵模型最早由日本经济学家赤松要提出，他认为东亚发展中国家要尽快缩短与发达国家的差距，只有通过进口技术或设备，通过消化吸收来发展国内市场。当国内市场得到充分发展，再利用本国廉价的劳动力、资源与国际市场需要开发国外市场，最终形成有梯度的产业分级和各自的比较优势。

但新的国际产业竞争格局下，劳动力成本上涨效应、技术对劳动力的替代效应从两个方面挤压了传统的雁阵模型应用空间。我国想要获得并保持产业领先优势，必须通过依托自身超大规模市场等优势，通过数字技术渗透、数据要素应用推动传统产业改造，在某个产业领域形成新的"头雁"，带动其他产业梯次升级，构建现代化产业体系。这种雁阵被部分学者称之为"新雁阵模型"。

从战略上，我国最优的网络安全产业升级路径应当是以电子元器件和基础软件为头雁，带动网络安全硬件平台、网络安全软件厂商、网络安全服务厂商调整产品和服务形态，最终反哺农业、工业、金融、教育、医疗、交通、能源等重点领域加快数字技术创新应用，实现全产业链条的梯次升级。

具体到网络安全硬件平台领域，在新雁阵模型中，技术变革首先在乐研科技等头雁企业中开始，继而推动安全硬件平台行业走向专业化，带动上下游厂商提升专业技术能力，丰富产品种类，对产业链、价值链各环节进行解构与升级，创造新模式、新业态、新价值，不断提升产业竞争力，形成雁阵形态。

万人操弓，共射一招，招无不中。经过多年攻关与发展，我国信创产业已经初步具备体系化发展的基础，实现自主可控的主客观条件相对成熟。当然，信创产业大潮奔赴中亦有风险挑战，信创产业是一个巨大的产业链，需要进一步整合和规范，才能够形成规模效应和提高行业竞争力。我们期待政府、科研机构、企业和从业人员的勠力前行，通过建立健全的政策法规、加大投资力度、提高创新能力，推动中国信创产业不断发展和壮大。

大河开凌，万马奔腾。头雁领航，群雁齐飞。

信创产业方兴未艾，国产化正处于勃发的前夜。

目录 CONTENTS

绪言 "筑基赋能"——共建自主可控的产业新生态 /001

第一部分　困局篇：困局之中谋发力（2000—2010 年）/027

028 | 第一章　强敌之中寻出路

038 | 第二章　自主研发打基础

049 | 第三章　供应链战略谋前途

第二部分　破局篇：破局之中寻开悟（2011—2015 年）/055

056 | 第四章　拿下中低端市场

072 | 第五章　拓荒国产化道路

第三部分　布局篇：布局之中找突破（2016—2020 年）/079

　　080 ｜第六章　站稳中高端市场

　　097 ｜第七章　推动国产化起飞

第四部分　控局篇：控局之中自驱动（2021—2022 年）/111

　　112 ｜第八章　紧抓国产化大势

　　124 ｜第九章　追随者的持续逆袭

第五部分　未来篇：海纳百川，有容乃大（2022 年至未来）/149

　　150 ｜第十章　长期主义者的坚守

后记 /171

附录一　中国信创产业大事记 /175

附录二　乐研发展及产品研发历程 /185

绪　言

"筑基赋能"——共建自主可控的产业新生态

这是一本关于我国信创产业发展的书。

信创产业，即信息技术应用创新产业，核心思想就是通过打造以 CPU 和操作系统为重点的国产化信息技术体系，逐步实现信息技术领域真正自主可控，规避信息安全的风险。这是一项重要的国家战略，也是当前形势下国家数字经济发展的新动能。

萌生撰写这本书的想法时，正值信创产业高速发展，迎来空前增长机遇的关键期。得益于中国数字经济的迅猛发展，中国信创市场释放出前所未有的活力：据艾媒咨询数据，2021 年中国信创产业规模达 13758.8 亿元，2027 年有望达到 37011.3 亿元。

"信创"产业的诞生，时间不过数年。2016 年 3 月 4 日，"中国电子工业标准化技术协会信息技术应用创新工作委员会"正式成立，这个由从事信息技术软硬件关键技术研究、应用和服务的企事业单位发起建立的非营利性社会组织，提出了"信创"二字、"信创产业"的称谓，"信息技术应用创新产业"作为独立的行业特性，正式诞生。

但回顾信创产业的形成历史，则已经超过了 30 年。

时间回溯到 1986 年的 3 月 3 日，一份报告送到了中南海。这份题为《关于跟踪世界战略性高技术发展的建议》的报告，是由中国著名的科学家王大珩、王淦昌、杨嘉墀、陈芳允 4 人联合提出的。

彼时，美国已在 1983 年率先推出战略防御计划，即"星球大战计划"。面对已经悄然发生变化的国际大环境，世界高科技迅速发展的紧迫现实，中国面临的是一个关乎国家发展的历史挑战，何去何从，将决定中国在新的世纪能否站稳脚跟，能否不被淘汰出局。

如何促成高层决策，启动中国的高科技进程？王大珩激动地说："干脆直接给邓小平同志写封信吧！" 1986 年 2 月一个春寒料峭的夜晚，王大珩拿起了笔。"要全面追踪世界高技术的发展，制订中国高科技的发展计划！"经过反复地修改，一个多月后，一份《关于跟踪世界战略性高技术发展的建议》终于完成。在对建议书进行了逐字逐句的推敲后，4 位科学家郑重地签上了自己的名字。

这份报告很快呈送到邓小平的案头。两天后，邓小平就作出了批示："找些专家和有关负责同志讨论，提出意见，以凭决策"。邓小平还要求有关负责同志，"宜速决断，不可拖延"。

根据批示，有关部门立即邀请部分科学家进行座谈讨论。讨论中，科学家们对高技术项目的选择方向，进行了热烈讨论。有关部门将讨论会中的意见上报邓小平。邓小平作出了明确批示。根据批示，形成了《关于高新技术研究发展计划的报告》。1986 年 11 月，中共中央、国务院正式批转了《高技术研究发展计划纲要》。

"863计划"由此诞生。计划选择了对中国未来经济和社会发展有重大影响的生物技术、信息技术等7个领域，确立了15个主题项目作为突破重点，以追踪世界先进水平。"863计划"于1987年3月正式开始组织实施，上万名科学家在各个不同领域，协同合作、各自攻关，取得了丰硕的成果。这当中，信息技术作为核心技术领域，在自主发展的道路上持续进军，并且与国际信息技术产业生态充分交互、取长补短。

到了2016年，随着"国家重点研发计划"的出台，"863计划"结束了自己的历史使命。科研组织形式随着时间在变，从"两弹一星"到"863计划"，不变的是一以贯之的科学精神：求真是科学精神的核心；创新是科学精神的特征；家国情怀、使命担当是中国科学家精神的灵魂。

"信创产业"背后承载的，就是这种科学精神。长期以来，中国IT底层标准、架构、产品、生态大多数都由国外IT商业公司来制定，由此存在诸多的底层技术、信息安全、数据保存方式被限制的风险。

近年来，全球IT生态格局由过去的"一级"向未来的"两级"演变的趋势越来越明显，中国要逐步建立起基于自有IT底层架构和标准的IT产业生态。基于自有IT底层架构和标准建立起来的IT产业生态，便是信创产业的主要内涵。

自"863计划""核高基项目"以来，我国信创产业链在政策、资金、产业全方位合力下，近年来信创核心品类丰富度、成熟度、供应链稳定性显著提升。可以说，如果以"863计划"为起点，伴随着中国信息化、数字化的发展，"信创产业"从无到有，共经历了"觉醒""起步""加速"三个阶段，并且正在迎来"可靠"和"整体布局"的两大新阶段。这个过程中，每个阶段都彰显出中国在信息技术应用创新工作中的安全化、自主系统化的决心。

我们有信心可以预期的是，我们即将迎来以国家和科研机构为引导，大型国有企业和民营企业为实践突破的信创产业新局面，而国产信创生态的建设也将成为推动经济发展的重要力量。

一、信创产业为何要"筑基""赋能"？

从微软"黑屏"事件到震惊世界的"棱镜门"，都在提醒相关产业和各界，必须更深刻地认识到，互联网安全不仅关乎公民人身财产安全，更关乎国家经济发展和国防安全。关键信息基础设施对国家安全、经济安全、社会稳定、公众健康和公众安全至关重要。只有保障关键信息基础设施的供应链安全，才能维护国家安全。

2008年10月20日，许多中国网民收到来自微软的电脑通知，称若使用盗版Office，电脑不仅会"每小时黑屏一次"，还会有永久弹窗提示所用为盗版。

这场以保卫正版为名的入侵不仅引发用户愤怒，更激起了IT界、法律界乃至全民的讨论反思。在等待黑屏当晚，网民们纷纷自创表情包——"我可能是软件盗版的受益者"，来讽刺微软弹窗。一时间，电视报纸都在跟进事态发展，央视则用八个大字概括："人为刀俎，我为鱼肉"。

"中国被微软劫持了！"中国工程院院士倪光南高呼。他为国产化发展奔走多年，更呼吁业界"没有自主可控的软件，保障信息安全只是空话"。

这是国内首次经历大规模的"劫持"事件，引发了各界广泛关注。十余年后，类似的事情再次发生时，很多产业界人士并不感到意外。

虽然黑屏事件做了国产替代的大型科普教育，但第一次真正意义上的成功先例，是从服务器和数据库开始的。

2013年美国"棱镜门"曝光，苹果、谷歌等科技巨头皆为"帮凶"，世人惊觉处于密不透风的监控中。而美方各国的监控，已经不止于大学，甚至渗透到了商界政界。这枚深水炸弹，让国人顿感软件自主可控的紧迫。因此，国内自发推进了一场"去IOE"运动。

"IOE"指IBM的小型机、甲骨文Oracle的数据库、EMC的高端存储。"去IOE"最早由阿里巴巴实践，后来则成为一场席卷金融业的浪潮。

最新发生的俄乌冲突和《芯片法案》，也再度为行业敲响警钟。随着俄乌冲突的加剧，美国科技巨头相继宣布制裁俄罗斯。硬件方面，英特尔、AMD、联想、戴尔、苹果等科技企业宣布停止对俄罗斯供货，软件方面，SAP、Oracle等软件巨头宣布停止在俄罗斯的产品销售和服务。这意味着使用这些巨头产品的企业、机构业务将面临瘫痪。

2022年8月9日，美国总统拜登正式签署了《芯片和科学法案》（以下简称《芯片法案》）。《芯片法案》具有强烈的政治内涵，在对美国本土芯片产业提供巨额补贴的同时，明确规定获得美方补助的企业10年内不得与中国或其他"令美国担忧"的国家进行任何"重大交易"，以及投资先进制程芯片。

当前，全球芯片产业的基本格局是美国在芯片设计方面大幅领先，全球占比达 70%。但是在芯片的制造方面，则是东亚地区具有明显的优势。美国芯片制造产量占全球份额已从 1990 年的 37% 下降到如今的 12%，而东亚地区的芯片生产全球占比累计则高达 73%，其中中国台湾 22%，韩国 21%，日本和中国大陆均为 15%。而且美国当前不具备 10 纳米以下先进芯片的生产能力。在此前的 4 个季度全球 20 家增长最快的芯片企业中，有 19 家来自中国大陆。预测到 2030 年，美国的份额将进一步降至 10%，而中国大陆将提升至 24%。

在此背景下，《芯片法案》出台。《芯片法案》与美国组建"芯片四方联盟"一样，根本目的都是为了在扩大美国芯片生产的同时，扼制中国芯片产业的成长。

但令人担忧的是，目前，国内重要信息系统、关键基础设施中，使用的核心信息技术产品和关键服务大多依赖国外，全球网络根域名服务器为美国掌控；中国大部分高端芯片依赖美国几家企业提供；智能操作系统也多依赖美国企业提供。中国在金融、能源、电信、交通等领域的信息化系统主机装备中近一半采用外国产品。彭博社和国际半导体产业协会（SEMI）公布的数据显示，2020 年和 2021 年，中国连续成为全球芯片进口最多的国家，2021 年的进口额达到 300 亿美元。

困境之下，必然有对出路与解决方案的不懈探索。早在 2021 年 10 月 29 日，党的十九届五中全会公报就指出，坚持创新在我国现代化建设全局中的核心地位，把科技自立自强作为国家发展的战略支撑。在公报提出的十二项核心任务中，"创新、科技自立自强"位居首要和核心地位。

科技发展不仅是"十四五"重点，同时"关键核心技术重大突破"

也是"2035远景目标"中的重要内容。"科技自立自强"是"十四五"的关键词，而科技自强的前提是科技自立，而科技自立正是关键核心技术的"自主可控"，也就是信息技术创新应用——"信创产业"。

1. 信息安全风险巨大

传统意义上网络威胁的内涵是指通过技术手段，利用目标对象的漏洞、缺陷或薄弱点，采取探测、渗透、入侵、提权、窃取、篡改等方式，破坏目标对象的机密性、完整性、可用性等安全属性。例如，入侵数据库以非法获取个人数据和敏感信息，向用户终端植入木马病毒以达到远程控制目的，或是发动大规模拒绝服务攻击造成网络应用服务中断。

当前，网络空间面临的威胁已不仅仅是上述针对网络与信息系统自身的攻击破坏。由于网络空间在社会层面的基础性支撑作用，利用网络空间掌握政治、经济、军事、文化、社会舆论等方面的话语权，从而为组织间乃至国家间的竞争对抗提供服务，已经成为国际社会的普遍做法。传统的针对网络和信息系统的破坏活动已经发展为通过控制网络空间，使其成为开展对抗竞争、获取政治或经济利益的重要工具和手段。近年来，国际社会频发的种族冲突、地域纷争和意识形态对抗，多次验证了网络空间已经成为掌握国际社会主导权，展现国家综合实力的重要体现。

随着大数据、物联网、人工智能（AI）、工业控制系统、卫星通信、移动通信、区块链等技术的发展和应用，能源、交通、通信、金融、医疗等领域与新技术新应用深度融合，越来越多的国家在战略层面向网络空间倾斜，围绕网络空间的技术对抗、压制和博弈也不断加剧，控制网络空间的信息权和话语权成为新的国家战略制高点。

早在2015年4月，美国发布了《网络空间战略》，明确提出要提高网络空间的威慑和进攻能力。随后在2018年9月18日发布的《2018国防部网络战略概要》中，更是直接将中国、俄罗斯列为"给美国造成战略威胁的国家"，并强调从军事、经济和科技等领域与中俄展开全方位的网络安全博弈。

该战略概要还放宽了使用数字武器保护国家的规定，允许军方和其他机构进行网络操作。2019年以来，美国政府部门陆续针对华为、腾讯、字节跳动等我国企业进行打击和限制，抑制我国信息技术的创新能力，以期获取网络空间的竞争优势和控制权。

中国科学院冯登国院士用"国家主体的跨空间跨领域威胁不断加剧"来概括这种宏观环境的巨变。他同时还指出，除了国家主体间的威胁加剧，另外三大问题的隐患，也已经刻不容缓、亟须解决。

首先，关键信息基础设施和智能设备已经成为网络攻击的焦点。

当前，涉及国计民生的大数据平台、云计算平台、工业控制系统、物联网等关键信息基础设施，以及正在步入千家万户的智能家电、智能驾驶汽车等，逐渐成为网络攻击的重要目标。传统的关键信息基础设施由于历史原因，大量关键系统的安全防护能力滞后。以工业控制系统为例，为了保证业务的连续性和可靠性，一批老旧系统仍在运行。

可以预见，各类智能设备的技术更新迅速，产品迭代快，而对应的安全防护技术却没有跟上，将进一步加剧网络安全风险。众多攻击者纷纷利用云平台、物联网设备作为跳板机或控制端发起网络攻击。据不完全统计，利用云平台对我国境内目标发起的DDoS攻击次数占比已达到网络攻击总次数的 78.8%。

其次，复杂攻击、有组织攻击成为网络攻击的新常态。

冯登国院士指出，当前，针对重要行业部门的 APT 攻击（即"高级可持续威胁攻击"，也称为"定向威胁攻击"）多发频发。

APT 攻击是高技术手段支撑的、有组织发起的、对重点目标实施的高破坏性、高隐蔽性攻击，对国家安全、经济发展、社会稳定和公民组织构成严重威胁。政府部门、金融、电力、通信、交通等基础设施成为 APT 攻击的主要目标，攻击者通过长时间的信息收集、试探、诱导、渗透、植入，结合未知漏洞利用、安全机制绕过、社交工程欺骗等多种技术手段，躲避安全防护机制，最终达到入侵和窃取机密数据、恶意控制目标设施、让正常运行的设施瘫痪等破坏性目的。

APT 攻击技术手段是各国情报组织、网络战部队发展的重要能力，也是当前黑产集团获利的重要工具。随着未来各国斗争的日益加剧和我国互联网经济的繁荣，我国各类信息系统将成为 APT 攻击的重要目标，对 APT 攻击的防御将成为常态化需求。

最后，基础系统的安全漏洞不容忽视。

近年来，操作系统、数据库等的安全受到广泛重视，安全防护有所加强。但由于其基础性地位，个别漏洞造成的危害越来越严重，基础系统的安全性问题仍不容忽视。特别是近年来出现的 Intel 熔断、幽灵等 CPU 漏洞，Raw Hammer 等存储硬件漏洞，均可以被软件方式利用攻击，危害严重，且修复难度很大，给网络安全带来严峻挑战。

冯登国院士认为，我国无论是从设计角度避免漏洞、从产品检测角度发现漏洞，还是从实际使用时防御漏洞，都缺乏相应的理论、技术和产品支撑,"我国在这方面的积累还比较薄弱,但这一问题已经非常严峻且现实地摆在我们面前。"

2. 解决安全问题需要"可靠产业链"

2016年4月19日,习近平总书记在网络安全和信息化工作座谈会上指出:互联网核心技术是我们最大的"命门",核心技术受制于人是我们最大的隐患。一个互联网企业即便规模再大、市值再高,如果核心元器件严重依赖外国,供应链的"命门"掌握在别人手里,那就好比在别人的墙基上砌房子,再大再漂亮也可能经不起风雨,甚至会不堪一击。我们要掌握我国互联网发展主动权,保障互联网安全、国家安全,就必须突破核心技术这个难题,争取在某些领域、某些方面实现"弯道超车"。

这给相关产业的未来指明了方向。信息化的发展、威胁对抗的变化与国家政策的驱动成为网络安全产业发展的三大核心驱动力。在此背景下,中国网络安全产业从无到有,不断成长,目前已呈现出国产化、行业化、服务化和智能化的"四化"发展趋势。

国产化夯实了网络安全的产业基础,行业化拓展了网络安全的产业边界,服务化提升了网络安全的交付能力,智能化促进了网络安全的能力升级。

第一,国产化——未来网络安全产品和技术的发展将基于国产化的核心技术,硬件、软件、核心部件的国产化,是网络安全产业发展的必然趋势;

第二,行业化——网络安全已经渗透到数字化、信息化的各个方面,网络安全与行业业务需求深度融合,场景化安全解决方案服务于行业细分和发展，应针对工业互联网、车联网、物联网、数据中心、云服务等新的应用场景提供行业化的解决方案；

第三，服务化——网络安全的本质是人与人的对抗，产品已经逐渐工具化，整个安全能力的交付向服务化转型，交付服务化有利于提升网络安全效益；

第四，智能化——人工智能进入到蓬勃发展的阶段，智能化在数字化和信息化中逐渐发挥作用，技术的发展使网络安全智能化成为可能。人和机器结合的智能化，可以使安全效率得到更大提升。

过去数年来，经过全行业的持续努力，信创产业自主可靠的产业链条正在形成。总体上看，信创产业以信息技术产品生态体系为基础框架，主要由基础设施、基础软件、应用软件、信息及网络安全4个部分组成。

这当中，基础设施部分，主要包括芯片、存储器、整机（含服务器、PC）以及固件；基础软件部分，主要包括操作系统、中间件、数据库；应用软件，主要包括各类办公软件等；信息及网络安全，则贯穿电子元器件、BIOS、网络安全硬件平台、操作系统到网络安全软件全链路，包含了电子元器件、BIOS、网络安全硬件平台、操作系统及网络安全软件。

与传统信息技术产业不同，信创产业更加强调生态体系的打造，而信创产业的四大部分，相互衔接、嵌套，缺一不可，成为产业链健康发展、自主可控的基础。这也正是构建自主可控的信创产业的难点所在——供应链安全成为最大的安全风险。

2018年以来发生的"中美贸易战"进一步揭示了这一风险：核心

技术是国之重器，发展核心技术是强国之道。我国对美国等西方国家的制造业及其核心技术高度依赖，供应链安全受到严重威胁。

从艾瑞报告中可以看出，信息技术的特性决定了产业链必然非常丰富、复杂，相互依赖性也非常高，仅仅在信息及网络安全这个部分，各个层级的厂商与基础设施、基础软件、应用软件之间相互依赖、相互补充的产业链体系就已经形成。

这也决定了做好信息安全绝不是单个企业、单个设备的事情，而是一个"本质安全"的问题。在此趋势下，"融合"成为信创产业发展的关键词。信创产业融合创新需要安全能力的融合、安全与应用的融合、网络安全与数据安全的融合，而技术的升级、场景的延展、生态的构建是实现产业高质量发展的路径。

3. 筑牢"信创产业"根基，解决本质安全问题

"863计划"，意味着信创产业觉醒阶段的开启。2000年后发展进入起步阶段。如前所述，如果说，"863计划"意味着在信创产业的觉醒。真正起步，则要到2000年左右，随着互联网崛起，国内消费互联网先行者新浪、搜狐、网易纷纷赴美上市，迅速引爆了信息产业，加速了PC时代到来，随之而来的就是信息与网络安全领域的兴起。

从最早的杀毒软件瑞星、"头号反病毒专家"KV300再到家喻户晓的金山毒霸，网络安全成为中国软件行业的核心和收入担当。但随着互联网的普及，网络安全形势更加复杂，网络安全远远超过了查杀病毒的范畴，更多的挑战接踵而至。

2010年前后，信创产业发展进入加速阶段。国内厂商崛起，自主化逐渐起步。相比终端消费端多元开花，信创底层市场更加集中，IT

信息及网络安全产业链体系

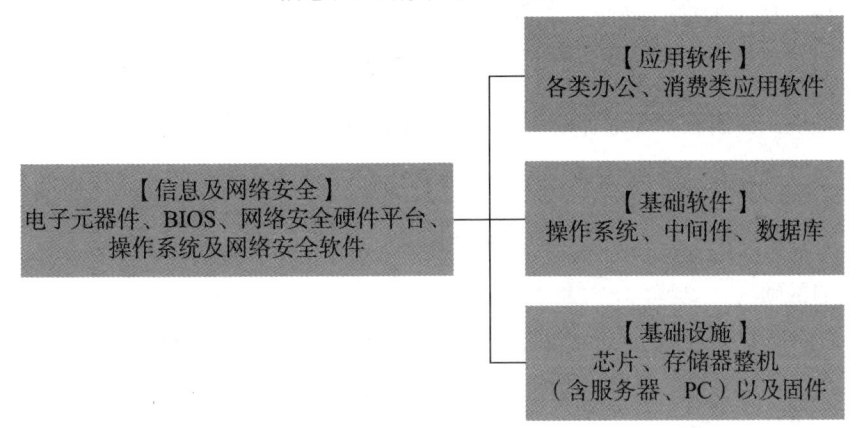

【信息及网络安全】
电子元器件、BIOS、网络安全硬件平台、
操作系统及网络安全软件

- 【应用软件】
  各类办公、消费类应用软件

- 【基础软件】
  操作系统、中间件、数据库

- 【基础设施】
  芯片、存储器整机
  （含服务器、PC）以及固件

网络安全设备平台行业图谱

终端客户	各级行政单位　公检法　卫生服务　教育机构　军方　各类企业
网络安全软件厂商	奇安信　天融信TOPSEC　NSFOCUS绿盟科技　启明星辰 SANGFOR深信服科技　安恒信息DAS-SECURITY　Westone·卫士通　北信源VRV 亚信安全　360　6cloud六方云　LUOAN珞安科技
操作系统	ArcherOS安超　deepin　HarmonyOS　KYLINSOFT麒麟软件
网络安全硬件平台	ROYALTECH乐研科技　LS立华科技　NE×SEC　CASWELL　AEWIN
BIOS	ami　BYOSOFT　insyde　phoenix　中电科技ZD-Tech
电子元器件	存储────────────────　网卡 长江存储YANGTZE MEMORY　CXMT　JHICC晋华　同词TOYOU　紫光集团TSINGHUA UNIGROUP　NETSWIFT网迅科技 ────芯片──── intel　Phytium飞腾　HYGON中科海光　Kunpeng　龙芯中科　申燕　兆芯

来源：艾瑞咨询

基础设施企业在2010年后出现爆发性增长，不同类别企业存在一定规律，具体来看：2000年之前IT基础设施、信息/网络安全企业较多；随着国家对核心技术的重视和推动，基础软件在2000—2009年间集中涌现，应用软件企业伴随而生，2010年之后IT基础设施企业爆发性增长，芯片核心企业龙芯、飞腾和兆芯均在该时段诞生，并迎来加速发展。随着国产CPU芯片不断突破并投产，"芯芯之火"，奠定了信创生态的基础。

2016年，信创产业进入可靠发展阶段。如果说，加速阶段，国内厂商大步前行，只是通过比较优势、企业家自觉进行的，那么，"可靠发展"阶段的到来，则完全是由外部环境巨变导致的。

2016年3月7日，美国指控中兴通讯严重违反其出口限制法规，对中兴通讯采取出口限制措施，禁止美国企业对其出售包括芯片在内的元器件产品，自此开启了美国对中兴通信的制裁。

相关媒体报道称，作为全球重要信息技术产业基础设施厂商的中兴有25%～30%的零部件来自美国供应商，尤其是其最为核心的零部件较依赖美国供应商。中兴的手机芯片、基带芯片、射频芯片、存储芯片、手机玻璃、光学元件等核心零部件来自于美国的高通、博通、英特尔、美光、甲骨文、康宁等科技巨头，短期内无法找到能保持相同竞争力的替代产品。在中兴通信设备的核心零部件中，基站有的零部件是100%来自美国公司，中兴有1～2个月的备货，如果不在这个时间内和美方达成和解，会影响中兴设备的生产。这对电信行业，特别是中国运营商网络建设造成巨大影响。

以中兴制裁为起点，很快，美国进行了快速"组合拳"，以"贸易战"

为导火索，美国商务部不断扩充"实体清单"，加大对中国的技术制裁。

数据显示，截至 2021 年底，美国"实体清单"榜上的中国企业，有 19% 属于船舶工业、航空航天、国防电子、交通运输等传统性的关键行业，而电子器件（除国防电子）和集成电路、通信科技、人工智能、云计算、超级计算机等 ICT 企业（包括华为系公司），则合计占了近 70% 的比重。

长期以来，由于在 IT 产业链的某些环节缺失关键核心技术，我国对海外 IT 产品的依赖度较高，集中在英特尔、微软、苹果、甲骨文、IBM、高通、谷歌为首的国外 IT 厂商，这些企业在操作系统、数据库、芯片、服务器、办公软件、智能终端等领域，占据了中国市场的较大份额。

有学者强调，美国先后将中兴、华为等多家中国高新技术企业列入所谓"出口管制清单""实体名单"，其意图就是要在中美贸易战的背后打响中美科技战，威逼中国放弃占领信技高地，迫使中国在技术上、经济上永久地仰人鼻息。我们能否在国际上挺直腰杆，能否真正地由富起来到强起来，很大程度上取决于科技创新能力的提升。如果放弃自主创新，总是指望依赖别人的科技成果来提高自己的科技水平，那就只能跟在别人的后面亦步亦趋，永远做别人的技术附庸、经济附庸。

由此，"信创产业"作为国民经济基础的地位，陡然凸显出来。"信创产业"覆盖了软硬件基础设施、应用软件甚至是信息及网络安全技术，不仅承载着传统的业务系统，更是 5G、大数据、云计算、物联网等新一代信息技术发展演进的底层逻辑框架，是整个信息行业的底层基石，是众多其他行业发展的基础，因此，信创产业的自主、安全、可靠，不仅事关产业发展命脉，还事关国民经济的健康发展。

可以说，制裁、贸易战和实体清单，敲响了警钟，发展信创产业，是为了解决本质安全的问题。"本质安全"就是说，现在先把它变成自己可掌控、可研究、可发展、可生产的。为了解决这个问题，我国明确了"数字中国"建设战略，为抢占数字经济产业链制高点，国家提出"2+8"安全可控体系，2020—2022年是国家安全可控体系推广最重要的3年，中国IT产业从"基础硬件""基础软件"到行业应用软件，都迎来国产替代潮。

这些都是为了实现信创发展的目标：自主可控。虽然"自主可控"并不等同于安全，但是国家发展信创产业，在自主可控的基础上生产、采购、使用技术安全的产品，搭建安全的IT环境，从而有力保障了网络安全。因此，未来信创产业发展将和网络安全产业结合愈加紧密，自主可控是实现网络安全、国家安全的基础。

从这个维度来看，信创产业作为筑牢"新基建"自主、创新、安全底座的基石，从目前来看，其发展不仅能补足我国信息产业在信息和网络安全上的短板，更有助于构建国家完整的自主创新技术体系和数字经济产业体系。

自有IT底层架构与标准的建设迫在眉睫。目前，我国信创产业已形成了以国家和科研机构为引导，诸多企业共同实践并积极突破的新局面。

同时，关键半导体设备/关键制程芯片及产品制造、关键应用及其支撑环境等重要品类的核心技术节点持续突破，信创产业已开始具备应对需求爆发式增长的供给能力。

自"863 计划""核高基项目"以来，已打磨超过 30 年的我国信创产业链，在政策、资金、产业全方位合力下，近年来信创核心品类丰富度、成熟度、供应链稳定性显著提升。伴随核心节点技术的持续突破，关键半导体设备／关键制程芯片及产品制造、关键应用及其支撑环境等重要品类的供应保障能力与水平快速提升，在党政及八大行业等领域全面推广落地的客观条件正逐步具备。

另外，伴随近几年信创产业链的技术升级和产品适配，信创产业落地层面已实现深入磨合，后续规划、招投标、交付验收效率有望高于前期阶段。

二、信创产业如何实现自主可控？

2016 年 10 月 9 日，习近平总书记在主持中共中央政治局第三十六次集体学习时指出，网络信息技术是全球研发投入最集中、创新最活跃、应用最广泛、辐射带动作用最大的技术创新领域，是全球技术创新的竞争高地。我们要顺应这一趋势，大力发展核心技术，加强关键信息基础设施安全保障，完善网络治理体系。要紧紧牵住核心技术自主创新这个"牛鼻子"，抓紧突破网络发展的前沿技术和具有国际竞争力的关键核心技术，加快推进国产自主可控替代计划，构建安全可控的信息技术体系。要改革科技研发投入产出机制和科研成果转化机制，实施网络信息领域核心技术设备攻坚战略，推动高性能计算、移动通信、量子通信、核心芯片、操作系统等研发和应用取得重大突破。

近年来，在国内外环境发生显著变化大背景下，"加快构建以国内大循环为主体、国内国际双循环相互促进的新发展格局"已经成为我国中长期发展的重大战略部署。作为国民经济发展的基础设施，新一代信息技术正在引领诸多行业实现转型升级，保障其安全运行的重要性不言而喻。

尤其是，随着大数据、物联网、人工智能（AI）、工业控制系统、卫星通信、移动通信、区块链等技术的发展和应用，能源、交通、通信、金融、医疗等领域与新技术新应用深度融合，越来越多的国家在战略层面向网络空间倾斜，围绕网络空间的技术对抗、压制和博弈也不断加剧，控制网络空间的信息权和话语权成为新的国家战略制高点。

自主、创新、可控、生态，是当下互联网信息办公室对中国信创产业的定位。无论是自主可控、还是应用创新，抑或是生态伙伴的共赢，都离不开平台的搭建，都需要"筑基"这一过程。

目前，信创产业走过了觉醒、起步和加速阶段，已经在可靠、可用阶段努力。例如，在信息技术领域，核心环节的国产化进程已经逐步开展，覆盖 CPU、操作系统、应用软件、数通设备、网络安全等细分领域。

其中，网络安全是保障所有信息系统平稳运行的关键要素。此前，网络安全产业的焦点集中在软件和应用开发，而网络安全硬件平台作为其载体，国产化产品的大规模应用即将进入加速期，市场关注度及重视程度正在快速提升，已经成为产业内的新亮点。

下一步，再向"好用"发展，"好用"也正是信创产业发展历经觉醒、起步、加速、可靠、整体布局五大阶段的最终目标。

1. 政策引领："信创产业"筑基迎来东风

2014 年 2 月 27 日，习近平总书记在中央网络安全和信息化领导小组第一次会议上指出，没有网络安全就没有国家安全，没有信息化就没有现代化。建设网络强国，要有自己的技术，有过硬的技术；要有丰富全面的信息服务，繁荣发展的网络文化；要有良好的信息基础设施，形成实力雄厚的信息经济；要有高素质的网络安全和信息化人才队伍；要积极开展双边、多边的互联网国际交流合作。建设网络强国的战略部署要与"两个一百年"奋斗目标同步推进，向着网络基础设施基本普及、自主创新能力显著增强、信息经济全面发展、网络安全保障有力的目标不断前进。

新局面的形成，离不开政策引领。党中央旗帜鲜明地指出，站在第二个百年奋斗目标的起点，推进国产化创新发展是重中之重。可以说，自"信创产业"概念形成，政策就一直是推动"信创产业"发展的首要力量。

2020年10月29日，党的十九届五中全会公报指出，坚持创新在我国现代化建设全局中的核心地位，把科技自立自强作为国家发展的战略支撑。在提出的十二项核心任务中，将"创新、科技自立自强"放在首要和核心地位。科技发展不仅是"十四五"重点，同时"关键核心技术重大突破"也是2035年远景目标。科技自立自强是"十四五"的关键词，而科技自强的前提是科技自立，而科技自立正是关键核心技术的"自主可控"。

自2021年开始，"信创"相关的政策持续落地，2021年末和2022年初，基础软硬件国产化的要求更是密集出现在多项重大政策中。政策颁布节奏明显加快。从党政到重要行业，从小范围试点再到全行业铺开，相关政策陆续颁布，覆盖范围逐步扩大。对重要行业的信创发展要求越来越具体和量化,"自主可控"已经成为各大政策的高频词汇。

2021年3月13日,《中华人民共和国国民经济和社会发展第十四个五年规划和二〇三五年远景目标纲要》提出,要深入实施制造强国战略。坚持自主可控、安全高效,推进产业基础高级化、产业链现代化,保持制造业比重基本稳定,增强制造业竞争优势,推动制造业高质量发展。实施产业基础再造工程,加快补齐基础零部件及元器件、基础软件、基础材料、基础工艺和产业技术基础等瓶颈短板。依托行业龙头企业,加大重要产品和关键核心技术攻关力度,加快工程化产业化突破。实施重大技术装备攻关工程,完善激励和风险补偿机制,推动首台(套)装备、首批次材料、首版次软件示范应用。

《关键信息基础设施安全保护条例》自2021年9月1日起施行。该条例所称关键信息基础设施,是指公共通信和信息服务、能源、交通、水利、金融、公共服务、电子政务、国防科技工业等重要行业和领域的,以及其他一旦遭到破坏、丧失功能或者数据泄露,可能严重危害国家安全、国计民生、公共利益的重要网络设施、信息系统等。从鼓励和提倡,到应当和必须,信创推行力度不断加大。

2021年11月30日,《"十四五"软件和信息技术服务业发展规划》发布。提出要壮大信息技术应用创新体系。开展软件、硬件、应用和服务的一体化适配,逐步完善技术和产品体系。推动软件企业建立产品质量全生命周期保障机制,通过开展信息技术应用创新产品测试,促进技术创新和产品迭代。持续推进供需对接,通过重点领域规模化应用,培育一批产业层级高、带动能力强的项目和高端品牌。以信息技术应用创新产业园区为载体,推进产业集聚。

《"十四五"软件和信息技术服务业发展规划》也明确了基础软件的发展要求和发展方向。完善桌面、服务器、移动终端、车载等操作系统产品及配套工具集，推动操作系统与数据库、中间件、办公套件、安全软件及各类应用的集成、适配、优化。加速分布式数据库、混合事务分析处理数据库、共享内存数据库 8 集群等产品研发和应用推广。开展高性能、高可靠的中间件关键产品及构件研发。丰富数据备份、灾难恢复、工业控制系统防护等安全软件产品和服务。推进软件集成开发环境相关产品和关键测试工具的研发与应用推广。

2021 年 12 月 24 日，中华人民共和国第十三届全国人民代表大会常务委员会第三十二次会议修订通过了《中华人民共和国科学技术进步法》。科技进步法的实施对于把党中央的科技创新大政方针和决策部署转化为国家意志。

2021 年 12 月 27 日，中央网络安全和信息化委员会印发《"十四五"国家信息化规划》（以下简称《规划》），对我国"十四五"时期信息化发展作出部署安排。《规划》是"十四五"国家规划体系的重要组成部分，是指导各地区、各部门信息化工作的行动指南。

2021 年 12 月 27 日，《规划》提出发展目标，到 2025 年数字技术创新体系基本形成。关键核心技术创新能力显著提升，集成电路、基础软件、装备材料、核心元器件等短板取得重大突破。网信企业技术创新能力大幅提升，产学研用协同创新的生态体系基本形成，自由灵活创新市场机制有效建立，国家级共性基础技术平台初步建成，开源社区生态建设取得重要进展。信息化法律法规和标准规范体系基本形成，人才培育引进和激励保障机制更加健全。《规划》明确提出了"十四五"期间信息化发展要建立政务信息化领域企业的诚信档案，强化信用约束，形成充分竞争、优胜劣汰的市场机制，以政务信息化建设促进网络信息技术自主创新。

2022年1月6日，国家发改委公开印发《"十四五"推进国家政务信息化规划》，以政策的形式明确了党政信创的要求和节奏。

2022年1月中旬，银保监会下发了《关于银行业保险业数字化转型的指导意见》，为银行保险行业数字化转型指明了方向。从该指导意见勾勒出的数字化转型工作整体框架可以看出，科技能力建设是转型工作的基石。这份意见是金融监管部门对金融行业信创的具体指导，反复强调自主可控。

2022年1月，国务院印发《"十四五"数字经济发展规划》，明确了"十四五"时期推动数字经济健康发展的指导思想、基本原则、发展目标、重点任务和保障措施。

2022年2月15日，国家互联网信息办公室、国家发展和改革委员会、工业和信息化部、公安部等十三部门联合修订发布《网络安全审查办法》正式施行，以法规的形式限制海外厂商的渗透空间，为信创产业发展营造更好的经营环境。

2. 行业意义：从"可靠可用"到整体布局"好用"

近段时间，"筑基工程"被各地政府文件反复提及，"筑基赋能"这一概念也被信创产业不断引入。所谓"筑基"，顾名思义就是打地基的意思。中国传统文化中，筑基的意义深远。

信创产业中，CPU是"心脏"，操作系统是"灵魂"，信创整体解决方案的核心逻辑在于，形成以CPU和操作系统为核心的国产化生态体系，系统性保证整个国产化信息技术体系可生产、可用、可控和安全。

参与其中的乐研，自 2006 年起，持续深耕，是为"筑基者"。

创立之初，乐研立足差异化策略，在当时还是小众的 ARM 架构下自研出第一款产品，并顺利拿下了启明星辰的订单。而后乐研又杀回 X86 主战场，靠着对凌动 N270 芯片的及早布局杀入低端市场并活了下来。但低端产品的市场份额只占整体市场的 15%，并不是行业的主战场。而且一直待在低端赛道，乐研也很难完成技术突破。于是在进入 2011 年后，乐研决定放弃低端市场，开始突围。

2011 年靠着在国内第一个研发出基于凌动 D525 系列的网络安全硬件平台，乐研成功杀入了中低端市场，并靠着在供应链和产品定义上的优势，花了 5 年时间成为了市场领导者。这块市场相对而言是最大的，市场份额占比高达 35%。但是中低端产品的利润率并不高，而且中低端的定位容易让厂商逐渐落入纯粹价格竞争的死循环。乐研以此为根基，却不能始终待在这个区间。

靠着敏锐的市场洞察，2013 年，周玲便开始带领乐研提前布局中高端市场。起先靠着网神信息的订单成功进阶，再靠着天融信的金税三期项目成功在中高端市场站稳了脚跟。2016 年对乐研而言，是有能力并开始在行业中布局的元年。

就是这一年，乐研的生存空间从原本只占 35% 份额的中低端市场，进入占 65% 份额的泛中高端市场。而且中高端市场的利润滋养和更高的技术天花板，也让乐研有了畅享星辰大海的可能。而更高的研发投入和在国产化领域更从容的布局，也将为更多的创新成果出现提供基础。

进入 2021 年后，乐研则靠着对国产化的超前布局，在国产化浪潮中跻身网络安全产业的舞台中央,并携手龙芯、兆芯、飞腾等国产芯片厂商,为加速推进网络安全产业的国产化进程保驾护航。

令行业振奋的是,虽然目前网络安全产业国产化,覆盖范围较为有限,但自主可控大势不可阻挡,信创替代空间巨大。IDC 数据显示,2020 年我国 X86 服务器出货量 344 万台,其中互联网、电信、政府、金融行业 X86 服务器采购量分别为 146.5 万台、39.8 万台、39.7 万台、31.9 万台,合计占比达到 74.9%。按照 6 年替换周期,预计党政军及核心事业单位服务器存量为 295 万台,教育和医疗行业的服务器存量为 90 万台及 33 万台,金融、电信、交通、能源(电力及石油)、航空航天等六大行业的服务器存量分别为 180 万台、240 万台、54 万台、27 万台、10 万台,合计 511 万台,其余央国企约 200 万台存量。

国安君安证券预计,信创产业即将进入常态化、规模化替换阶段。自 2020 年以来,党政信创进入规模化推广阶段,行业信创开始大范围试点,产业成长进一步提速;预计自 2022 年开始,党政信创将进入常态化替代阶段,行业信创将开始规模化替换。预计在"十四五"末期的 2025 年,能初步实现对电子政务系统的信创改造,在 2027 年取得阶段性的成果。

3. 历史意义:给出"中国方案"

2017 年 12 月 8 日,习近平总书记在主持中共中央政治局第二次集体学习时强调,要切实保障国家数据安全。要加强关键信息基础设施安全保护,强化国家关键数据资源保护能力,增强数据安全预警和溯源能力。要加强政策、监管、法律的统筹协调,加快法规制度建设。要制定数据资源确权、开放、流通、交易相关制度,完善数据产权保护制度。

要加大对技术专利、数字版权、数字内容产品及个人隐私等的保护力度，维护广大人民群众利益、社会稳定、国家安全。要加强国际数据治理政策储备和治理规则研究，提出中国方案。

在数字安全时代如何探索信创产业的中国方案？无论是网络安全还是信创产业，都不能闭门造车，要放在数字文明的大框架里去探索和讨论，要根据我国实际情况探索出能真正应对数字安全挑战的中国方案。

我国是信息技术应用大国，互联网经济繁荣，这是我国未来发展的重要方向，但也必然对网络空间安全防御提出更高的要求。可以预见，未来信息技术和产业的繁荣，仍需要技术、市场的高度开放和融合，需要国际社会的广泛参与。

在这样的背景下，我们需要持续强化网络安全能力建设，提升关键信息基础设施安全保障水平，加大数据安全保护力度，开展新技术网络安全防护，不断从安全防御、安全治理和安全威慑等方面提升我国网络安全保障能力和水平，特别是具备与美国等国家的网络空间对抗的实力，争夺更大的网络空间话语权。

"要夯实安全底座，增强关键基础设施安全韧性。"时任工业和信息化部网络安全管理局局长隋静认为，面向数字产业化和产业数字化过程中多样化应用场景的动态防护安全需求，要推动网络安全从外部防护向内外并重演进，从单体防护向动态协同转变，从通用安全向按需安全发展。构建共建、共享、共用、共维的网络安全协同防护体系，强化网络安全产品服务定制化供给能力。

时任工业和信息化部网络安全产业发展中心副主任李新社则建议

称：一是要探索建立因地制宜的网络安全产融结合的发展机制；二是要大幅提高国家信息化建设中网络安全投入比重；三是要协助拓宽网络安全企业融资渠道；四是要引导投资瞄准网络安全"卡脖子"技术攻关；五是要研究探索网络安全企业评价估值方法；六是要打造优良的网络安全产业人才培养机制。

当然，还需要注意，自主可控和安全是两个不同层面的概念，自主可控为安全提供基础支撑，主要解决供应链安全。自主可控也要开放创新，不能闭关自守，要向全世界提供中国理念、技术、产品、服务和解决方案。自主可控要充分汲取和可控利用世界先进理念、技术、产品、服务和解决方案。

我们要两手抓，一方面，要独立自主地创新发展关键核心技术，把关键核心技术牢牢掌握在自己手里，赢得主动权和制衡权；另一方面，也要加大可控利用国际先进技术和产品的力度与深度。

通过政府引导为主，辅以市场化手段，调动和利用国内各方资源和力量，以保障信息技术产品供应链安全为最终目标。

同时，还要进一步加强产学研用管之间的协调性。我国目前拥有最大的信息技术研发团体，高校、研究所、企业等储备了大量的研发技术人才。这些年，我国企业的研发实力和研发投入已经在市场上有所展现。高校、研究所的研究水平也有大幅度的提升。我们需要逐步探索，既需要管理部门逐步认识、摸索、设计出更合理的管理制度，更需要企业、科研队伍逐步互相理解、了解定位，找到合作共赢的价值之路。

第一部分

困局篇：

困局之中谋发力（2000—2010年）

要进一步加强产学研用管之间的协调性。我国目前拥有最大的信息技术研发团体，高校、研究所、企业等储备了大量的研发技术人才。这些年，我国企业的研发实力和研发投入已经在市场上有所展现。高校、研究所的研究水平也有大幅度的提升。我们需要逐步探索，认识、摸索、设计出更合理的管理制度，更需要企业、科研队伍逐步互相理解、了解定位，找到合作共赢的价值之路。

第一章

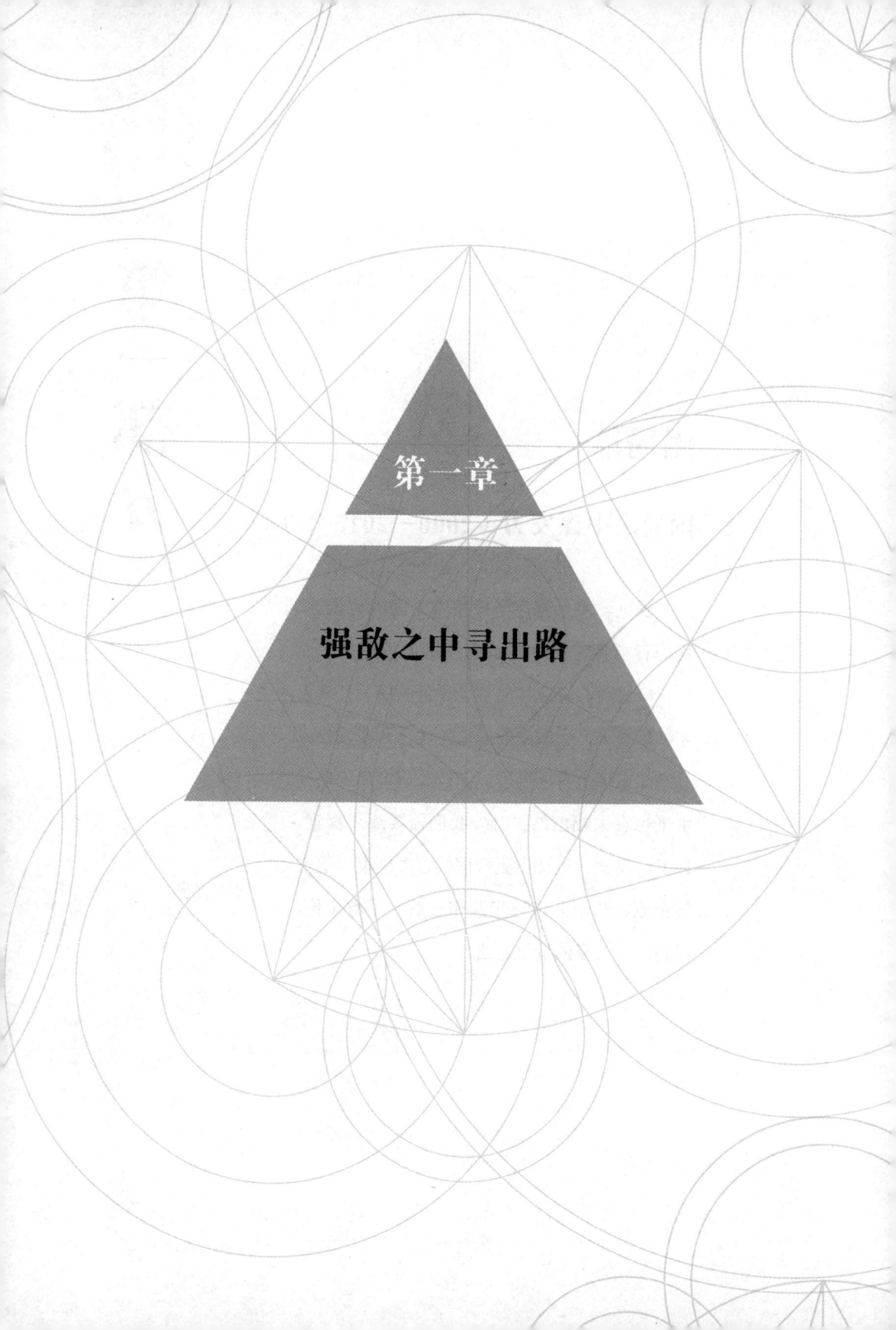

强敌之中寻出路

第一部分　困局篇：困局之中谋发力（2000—2010 年）

萌芽

2000 年 3 月中旬的一个晌午，在北京工业大学的图书馆内，一个穿着高领毛衣的大学生正翻看着一本国外的科技杂志。虽然已经立春，但仍是乍暖还寒的时节，暖气断供的室内比隆冬时还要冷，男生不自觉地把后颈处的毛衣领向上提了提。

杂志的封面文章猜测美国联邦政府诉微软垄断案大概率胜诉的消息，极有可能是 3 月 10 日纳斯达克综合指数冲顶 5132.52 点后急速下挫的导火索，而文章进一步推断美国的互联网泡沫已经破灭，股市雪崩正在路上。

看着大洋彼岸的科技公司两三年内就吹出了万亿美元规模的财富泡沫，却在 3 月的寒风中被一一刺破，这名大学生感觉就像在看一出大戏，虽然刺激神经，但太过梦幻和遥远，与自己似乎没什么关系。

彼时，这名大学生想不到，4 年后他也将被时代推入另一出大戏中，不同的是地点在中国，而且中国版的故事因为发端于技术成熟度曲线的复苏期，所以可以安稳享受技术创新的高回报，却不用承担技术膨胀期到泡沫破裂期的惨痛损失。而男生更想不到，20 多年后，他还会成为其中一幕的主角之一。

与正处于互联网泡沫破裂和全社会反思网络信息技术价值的大洋彼

岸不同，2000年的中国大陆网民数量突破了千万大关，互联网大幕正徐徐拉开。没人会想到，此后20多年借助后发优势，中国社会会成为网络信息技术红利在全世界范围内的最大受益方之一，而且信息技术还将成为中国各个行业产业升级的关键要素，甚至成为中国在经济上实现弯道超车的主要依仗之一。与此同时，从政府到企业也将在这一场机遇与挑战共存的竞赛中逐渐意识到核心技术自主可控的重要性，而最早在核心技术上推动自主创新的力量也将为中国的信创产业萌芽奠定坚实基础。

回到2000年，伴随着网络信息技术产业在内地的兴起，提供底层网络硬件产品及解决方案的企业也如雨后春笋般密集涌现。但就像互联网是舶来品一样，最早发现网络硬件创业机会的主要是外资厂商，其中以台资企业最为积极。

2003年5月，中国台湾IT设备老牌企业立端科技看到了大陆IT硬件设备的巨大市场机会，随后在北京创立了一家网络安全硬件设备生产及销售企业立华莱康，为客户提供网络安全硬件平台以及OEM/ODM定制化解决方案，负责立端科技全产品线在大陆地区的组装、生产、销售以及服务。

2006年9月，中国台湾工业电脑代表企业新汉电脑在北京成立分公司，主攻大陆的IT硬件市场。而随着以立华莱康、新汉电脑为代表的台资厂商纷纷进入了大陆市场，它们依靠自身技术经验与成熟供应链优势很快占据市场主导地位。其中网络安全硬件作为网络安全的重要底层支撑以及信息化系统搭建不可或缺的硬件支出，成为了一块重要的战场。

第一部分 困局篇：困局之中谋发力（2000—2010 年）

在同一时期，中国大陆的一些 IT 行业的探索先驱也发现了网络安全硬件的巨大市场机会，并纷纷开始布局。1993 年就已经成立的研祥智能便是其中的代表，作为最早一批从事计算机、通信和其他电子设备制造业为主的企业，2003 年前后进入了网络安全硬件行业。但大陆的厂商由于缺乏技术积淀，也没有成熟的供应链可以依仗，在市场竞争中一直被台资厂商压制。在此后的市场竞争中，很多早期的中国大陆厂商都纷纷选择了退出这个赛道。

但是中国大陆创业者在网络安全硬件行业的探索并未中断，而是一直在积蓄力量，彼时的中国台湾厂商则正是内地创新者们学习的对象。正所谓时势造英雄，在机会井喷的时代，是金子想不发光都难。

2004 年春夏之交，刚刚从非典阴霾中走出的苏州迎来了万物疯长的时节，街头的柳枝正冒出新芽，从青到绿急速得变长变密。曾经在大学里读国外科技杂志的大学生也已经毕业，他叫周玲，对他而言这个初夏时节也将是他事业起飞的始点。

2004 年 5 月 8 日，周玲入职了当时一家在中国大陆拓展业务的台资厂商，出任市场部经理，主管市场营销。市场正值狂飙突进的阶段，企业对人才的渴望也正处于旺盛期，不到 3 个月的时间，业绩出色的周玲火速被提拔为了常务副总经理，除了财务不需要过问外，营销、销售、团队管理、供应链管理等业务均要负责。

周玲在火速晋升中，也初次展露了自己的商业潜能：他在团队规模未曾扩张的情况下，带领团队在短时间内将公司业务销售额从 4000 万元提升到 8000 万元，销量翻了一倍。

进入 2005 年后，中国大陆的网民规模突破了 1 亿大关，各个企业都开始重视网络安全，网络安全服务及其配套的网络安全硬件需求随即进入井喷期。计世资讯研究数据显示，2005年中国安全产品市场规模达到36.5亿元，比2004年同比增长27.3%。彼时，有机构预计，中国安全产品市场在2006—2009年的复合增长率为22.1%，2009年中国安全产品市场规模将比2005年翻一番以上，达到81亿元。

周玲所在的台资厂商紧跟市场步伐创立了网络安全硬件产品线，交由周玲全权负责。但碍于技术实力和人才储备不足，周玲所在的公司选择切入市场的方式是代理其他厂商的产品，主攻营销和销售，而不负责研发和生产。

"用他人的品牌，必然要受品牌方的约束和管理。推广他人的品牌，为品牌方做嫁衣，这到底算不算自己的事业呢？"彼时的周玲站到了事业发展的十字路口：是完全依靠代理品牌的经营模式，还是创立自己的研发团队，走自主研发之路？

"研发才是未来网络安全硬件厂商的核心竞争力，单纯的代理模式只是市场开创期的权宜策略，迟早会在市场竞争中被逐渐迭代掉。"敏锐捕捉到未来趋势的周玲随即向公司建言，希望全力发展自研团队，但并未为被公司决策层采纳。

"不要因为一份工作、专业甚至职业而安定下来，一定要寻求内心的冲动。即使你不知道其中的含义，也要坚持追寻。如果你追随自己内心的冲动，就可以忍受疲惫，每一次失望都会成为你的动力。"耐克创始人菲尔·奈特（Phil Knight）曾对年轻人如此建议。

但向前一步，面对新领域的未知和不确定性，很多人都会有恐惧和心理挣扎。看到未来发展趋势的周玲，最终选择跳出舒适区，重新开启新的事业征程。越是年轻的时候，越是要让自己搏一把，看看外面的世界。

"当你看见了更长远的发展路线，自己勇敢地踏出第一步，回过头来才会发现，原来自己能走得这么远。"回顾这一路的选择，周玲有很多感慨。

离岸研发的无奈

但周玲的"自主"梦想，却碰壁了现实难题。对于彼时中国台湾厂商主导的网络安全硬件行业而言，大陆只是一个拓展销路的市场，他们不愿意也不可能把研发中心放在内地——这意味着，周玲想跳槽至一家有自主研发实力的大陆厂商大展拳脚的想法充满挑战。

挑战的背后，是这些厂商有意种下的荆棘。一方面，这些网络安全硬件厂商不相信当时的内地能提供足够多成熟的研发人才；另一方面，他们也担心教会了徒弟饿死师傅，害怕内地的团队一旦掌握了研发的能力就纷纷独立出去创业，给自己培养大量竞争对手。

中国网络安全硬件平台产业生态

```
┌─电子元器件──┐                          ┌─终端客户─┐
│ 芯片 存储 网卡│      ┌网络安全┐         │  政务   │
│              │ 资源 │软件厂商│ 产品    │  金融   │
│              │ 整合 ├────────┤ 交付    │  医疗   │
├─基础软件────┤  定制│网络安全│         │  工业   │
│加密 操作     │  输出│服务厂商│         │  教育   │
│算法 系统 BIOS│      └────────┘         └─────────┘
└──────────────┘  网络安全硬件平台
```

彼时的网络安全产业生态的上下游格局几乎被西方选手和中国台湾厂商垄断。如果把网络安全产业比喻成道路运输，那么可以分为基础要素、基础设施和提供运输服务的运输公司三层。

以CPU为代表的各种芯片、存储器、网卡、操作系统、加密算法等相当于石子、沥青、水泥，是一条道路的基础要素，也就是第一层。而这些要素的先进水平，则决定了道路的承载力、使用寿命等关键指标。

通过整合这些要素，搭建的网络安全硬件平台则是第二层，是基础设施。基础设施作为保护网络安全的专用设备，以满足防火墙、上网行为管理、IPS（入侵防御传感器）、IDS（入侵检测传感器）、UTM（统一威胁管理）、VPN（虚拟专用网络）等场景需求，需要具备在各种环境下高可靠、高稳定特性，并支持产品深度定制。

而承载在网络安全硬件平台之上的，则是网络安全软件厂商、网络安全服务厂商，他们会根据政务、金融、医疗、工业、教育等各个行业客户的需求，提供应用级的服务，包括网络安全系统搭建、网络安全系统运维等。

作为承上启下的关键，网络安全硬件平台的价值也就随着市场需求的加速而逐渐凸显。

一方面，随着各种网络应用创新、互联网模式创新、企业信息化能力创新地涌现，终端客户对网络安全的需求量不仅逐渐增高，需求类型的细分程度和专业化程度也水涨船高。这些需求通过网络安全软件厂商传导后，倒逼网络安全硬件平台不断提升自身的研发水平、专业化能力和解决各种细分场景问题的综合能力。

另一方面，随着网络安全硬件厂商平台化进程不断升级，这对其统筹上游资源的能力也在不断提出新的挑战。网络安全硬件平台不仅需要更好地统筹基础硬件、基础软件资源；还需要和CPU等核心的元器件厂商共同成长，才能做好代际适配，承载并不断升级多类网络安全功能。而这就是网络安全硬件厂商需要不断迭代的供应链管理能力、自主研发能力和技术支持的服务能力。

网络安全硬件平台价值解析

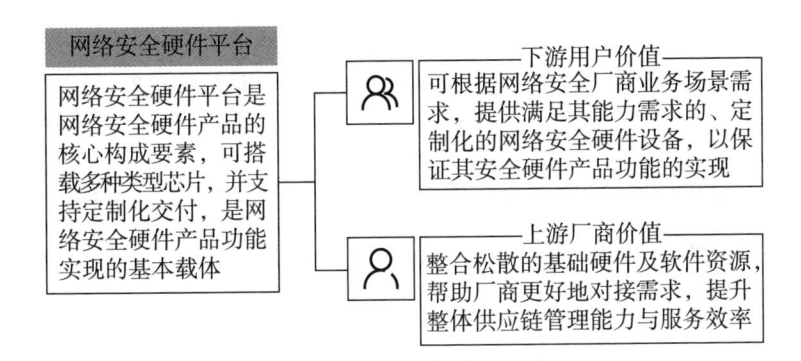

网络安全硬件平台	
网络安全硬件平台是网络安全硬件产品的核心构成要素，可搭载多种类型芯片，并支持定制化交付，是网络安全硬件产品功能实现的基本载体	**下游用户价值**：可根据网络安全厂商业务场景需求，提供满足其能力需求的、定制化的网络安全硬件设备，以保证其安全硬件产品功能的实现
	上游厂商价值：整合松散的基础硬件及软件资源，帮助厂商更好地对接需求，提升整体供应链管理能力与服务效率

作为关键载体的网络安全硬件平台厂商，其研发实力就不仅仅局限于自身的研发能力，更在于与上下游的配合，因为作为一个需要不断技术迭代的共同体，只有彼此高度同频才能做到彼此适配，并为终端客户提供局部竞争力的产品和解决方案。

克里斯坦森在《创新者的窘境》里用"价值网络"的框架解释大企业失败的逻辑，在他的框架里，因为大企业与自身的上下游达成了一个密切协作的价值网络，因此彼此只能按照渐进式创新的逻辑不断迭代，而这个价值网络一旦面临颠覆式创新的冲击，完全没有能力和空间来腾挪对抗。

但"价值网络"的解释框架也同时指明，对一个已经成型的价值共同体而言，在颠覆性创新未出现前，新的玩家想要按照原有价值网络的标准嵌入网络内部是极其困难的，因为错过了共同成长的关键期，后来者在技术沉淀和配合效率上是无法与同生态位的既有竞争对手相提并论的，上下游的关联方也不太可能冒着巨大的试错成本接受一个初创企业的产品和解决方案。

回到 2005 年的网络安全产业，整个技术的底层几乎都是从西方已经成型的信息技术框架平移过来的，整个技术也刚刚走过萌芽期进入快速发展期，正是摩尔定律主导的渐进式创新大行其道的时期，也是刚刚成型的价值网络开始收获回报的时期。

相比刚刚进入 WTO 不久，刚开始直面第三次科技革命浪潮的中国大陆科技企业，中国台湾厂商一开始就是网络信息产业价值网络的初始参与方，早早就嵌入了已经成型的价值网络内部，占据了重要的生态位。而内地的初创企业都是想入门而不得的外围选手。

在这样的背景下，占主导地位的那些厂商不愿意将研发部门放在大陆，中国大陆的厂商又普遍缺乏研发实力，因此周玲想委身一家有自主研发实力的厂商大展拳脚的想法只能落空。

求人不如求己，"核心技术买不来也求不来，我们还是应该靠自己。"看到黎明曙光的周玲，最终决定破釜沉舟，选择自己创业，走自主研发之路。在他看来，我国大陆人才辈出，只要能够调动更多的人才投入到网络安全硬件的研发上，一定能够取得成果。

转过年来的 2006 年，通过朋友们共享智力，周玲的新公司有了一个名字——"乐研"，紧接着 3 月份"乐研科技"便正式创立。而此后的几年里，乐研科技幸运地遇上了与自己有相似自研雄心的上下游同行，并借助一次次产业及政策的机遇，逐渐搭建起了国产自主研发的网络安全产业价值网络。

周玲的设想和信心也逐步得到了事实的印证。那些曾经占据市场支配地位的中国台湾厂商，则纷纷被乐研为代表的中国大陆自主研发的创新企业超越，甚至很多厂商完全丧失竞争优势退出了市场。

其实这样的不可能式超越在科技创新产业的历史中曾不断上演，就像英特尔之于仙童半导体，苹果、微软之于 IBM，谷歌之于雅虎，华为之于思科，腾讯之于 MSN，阿里之于 eBay……

同样，以乐研科技为代表的内地信创企业，最终成功绕过已有厂商建立的技术价值网络，实现了自我萌芽、成长与超越。

第二章

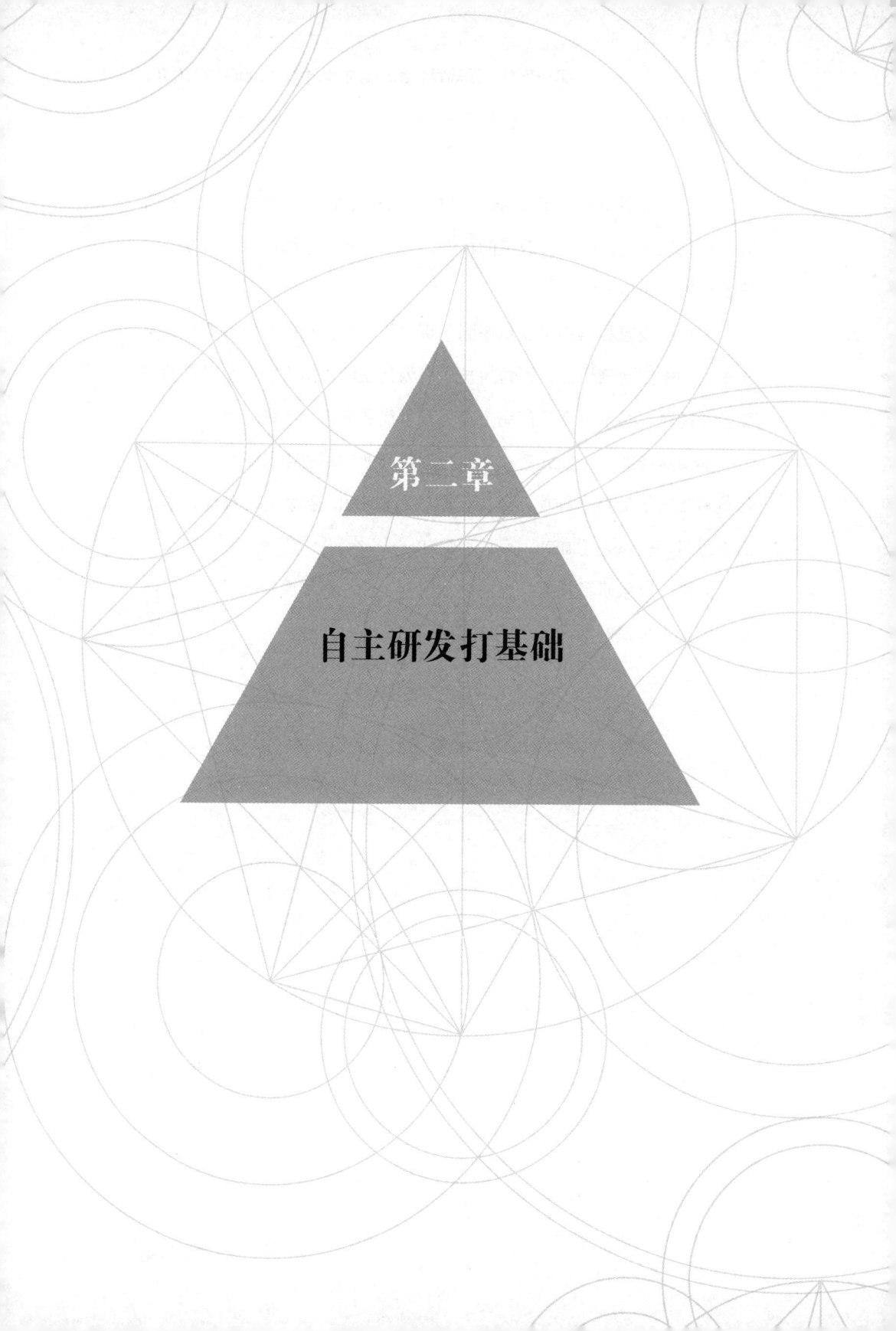

自主研发打基础

第一部分　困局篇：困局之中谋发力（2000—2010 年）

先找到自己的"井冈山"

创业是条九死一生的荆棘路。刚刚创立乐研的周玲，内心却充满底气。经过两年在行业内的摸爬滚打，周玲基本能做出三个判断：

第一，对于网络安全硬件平台怎么做，产品怎么定义，客户群在哪里，技术上有什么难点，供应链怎么保障等企业运营方方面面的问题，周玲心中均是有数的。

第二，当时的网络安全硬件平台相比通用计算硬件设备仍是一个利基市场，不仅下游企业单批次采购的规模不足后者的零头，而且下游企业对网络安全硬件平台的定制需求相比通用计算设备也要高得多，对产品的稳定性、可靠性、维护频率、使用寿命等性能指标要求也更高。

因此周玲判断那些做通用计算机硬件的厂商，短时间内是不会重视这个规模小、做起来又很麻烦的市场的，不会调度大量的资源参与这个市场的竞争，因此乐研等初创企业会有一个发展壮大的时间窗口期。

"解决以上提到的各种高要求对应的麻烦问题，成了乐研们建立护城河的关键。"周玲说。

第三，当时的网络安全硬件平台厂商的下游，也就是那些网络安全软件厂商和网络安全服务厂商也处于初创阶段，对上游供应商的选择比较灵活，不会像大企业选择供应商那么苛刻，几乎是认识关键的人就能

网络安全硬件平台概念界定和与通用计算硬件设备比较

	概念界定	用于保护网络安全的专用设备，包括：防火墙、IPS、IDS、UTM等。具备各种环境下高可靠、高稳定特性，并支持产品深度定制
	网络安全硬件平台	**通用计算硬件设备**
产品性能	·产品性能要求严格，各种业务场景及行业应用中，需要产品具备一致的高稳定性、高可靠性，低维护频率 ·需要保证7×24小时运行能力，平均服务5~7年	·产品性能要求灵活，不同业务场景、不同行业使用中，产品能力存在显著差异 ·运行时间灵活，不需要持续运行，平均服务周期1~3年，设备可灵活更替
定制能力	·充分定制、完全定制、支持产品从设计、功能、生产等各环节定制，依据客户需求定制，依据行业特性定制	·定制能力有限，更多在组装及配置阶段的定制化，根据用户需求，选配不同组件，无法提供更深层的完全定制
供应规模	·产品单批次采购规模集中在百位级、千位级别	·产品采购规模庞大，单批次普遍在10K级以上
交付形式	·硬件设备平台适配软件功能需求，硬件设备平台产品交付给软件企业，并由软件厂商品牌对外出售及应用交付	·软件产品适配配件产品能力，软件产品与硬件产品集成，由硬件厂商品牌对外出售交付

开展业务。因此那个时期的市场，被周玲形容为关系营销市场。而这些关键的人，周玲几乎都认识，或者能通过渠道认识。

有了这三点判断做依凭，周玲的创业底气十足。接下来需要搞定的事，就只剩下如何推进自主研发。在原有的技术价值网络面前，乐研如果选择做和台资厂商相同技术路线的产品研发是断然没有活路的，因此必须找到一个突破点，而这被周玲形容为找到乐研的"井冈山根据地"。此时一个稍纵即逝的契机，正好出现了。

第一部分　困局篇：困局之中谋发力（2000—2010 年）

对于网络安全产业而言，CPU 就是最重要的核心要素，是整个产业的发动机，因此 CPU 的技术路线选择就是一个关乎产业格局走向的重大事项，而每当有路线之争的情况出现时，就是原有价值网络出现缝隙甚至重组的机遇期。

在此之前的几十年间，英特尔确立了在 CPU 行业的霸主地位，其创始人戈登·摩尔提出的"摩尔定律"甚至成为整个信息技术产业的圣经。而英特尔开发的 X86 架构，就是当时整个技术价值网络的地基，是台资厂商产品研发因循的技术路线。

2006 年前后是个特殊的节点，因为移动互联网时代的大潮即将席卷而来，而曾经只算小众的 ARM 架构即将挤入舞台中央。

ARM 架构即高级精简指令集机器（Advanced RISC Machine），是一个 32 位精简指令集（RISC）处理器架构，其广泛地使用在许多嵌入式系统设计中。由于节能的特点，ARM 处理器非常适用于移动通讯领域，符合其主要设计目标为低耗电的特性。除了应用在消费性电子产品上以外，还有一些基于 ARM 设计的派生产品，重要产品就包括 Marvell 的 XScale 架构（原归属 Intel，2006 年出售给了 Marvell）和德州仪器的 OMAP 系列。

早在 1983 年，由苹果公司参与联合创立的 ARM 公司就启动了 ARM 架构的开发，并且此后苹果公司多次搭载 ARM 架构开发的芯片研发新型电子产品，但都没能大获成功，因此 ARM 也一直没能和英特尔掰一掰手腕。

但相比英特尔 X86 架构的孤掌难鸣，ARM 在移动设备领域拥有更为广泛的技术支持，ARM 芯片的低耗电节能的特点也让应用 ARM 架构的移动产品遍布生活方方面面。在移动信息时代来临的前夕，已经有不少业内人士嗅到了 ARM 架构的新机会。

"必须做差异化的产品，才能避开与现有厂商的直接厮杀！"这是周玲为初创的乐研拟定的战略。

ARM 芯片正好就是乐研的一个选择。当时基于 X86 芯片开发的网络安全硬件平台的成本都无法做到 4000 元以下，而基于 ARM 芯片开发的产品可以把成本降到 3000 元的档位，也为乐研杀入中低端市场创造了机会。

从 2006 年 3 月开始，研发团队没日没夜干了 6 个月后，乐研总算有了属于自己的产品原型，也是国内第一款基于 ARM 架构的网络安全硬件平台。恰逢此时，乐研的开单机会也出现了。

1996 年便已经创立的启明星辰，是国内在信息技术产业探索的先驱企业之一，2000 年后就把目光瞄向了网络安全软件及服务市场。2006 年 10 月，启明星辰看到 ARM 芯片的机会，准备开发与其适配的新一代网络安全软件产品，于是对外发布硬件平台招标计划。乐研与另外两家中国台湾厂商同时参与了竞标。

据周玲回忆，基于当时自身对竞争对手和行业的了解，乐研科技给出了具有综合竞争优势的技术和报价方案，顺利竞标成功。但在周玲看来，自己对市场信息的把控还不是乐研取胜的关键，乐研自身的研发实力才是最终打动客户的决定因素。

因为那些厂商一直以来沿用的 X86 芯片开发的硬件产品，对于启明星辰提出的基于 ARM 架构的硬件产品需求并不能很好满足，提供的产品方案竟然存在明显的漏洞，很快就被乐研发现了。

同时，启明星辰要货要得急，对交货周期卡得严，就看谁能最快提供可执行、可落地的产品样图。得益于此前半年多的研发积累，乐研花了两天时间就交付了产品样图，而另外两家厂商最少得花费一个月时间重新设计才可能拿出样图。

结果可想而知，乐研成功拿到了自己第一笔订单，也牵手了日后会成长为下游网络安全软件行业龙头的第一个大客户，成功找到了自己的"井冈山"。

审时度势的大迁回

亚马逊创始人贝佐斯（Jeff Bezos）说：如果你做一件事，把眼光放到未来3年，和你同台竞技的人很多；但如果你的目光能放到未来7年，那么可以和你竞争的人就很少了。

有了"根据地"的乐研，不能说高枕无忧，但最起码可以据此收获一定的现金流和市场反馈，从而推进自身的研发迭代和供应链搭建。

此后凭借ARM架构的网络安全硬件平台产品，乐研又陆续接触了一些客户，完成了几笔订单，但却都没能有更深入地进展。

从当下来看，ARM架构的芯片确实在移动端设备上大行其道，凭借iPhone和安卓手机的大卖，几乎垄断了移动端的芯片市场份额，甚至把英特尔都挤下了神坛。英特尔为了应对挑战，基于X86设计的嵌入式SoC（系统级芯片）Atom也未能在后来改变ARM统治移动端芯片江湖的局面。其命运就像当年微软、诺基亚为了应对安卓系统的侵袭，紧急开发的 Windows Phone 操作系统和塞班操作系统一样，均未能延续它们曾经在 PC 时代和功能机时代建立的霸主地位。

然而具体到网络安全硬件平台行业，ARM 却并不像在移动端那么成功。

相比移动设备对低能耗的强烈需求，偏中后台的 IT 设备并没有这方面的忧虑，服务器、网络安全硬件平台等设备都安装在固定的机房中，有充足的电能供应。另外，这些设备厂商在英特尔主导的时代已经建立了相对完善的价值网络，无论上游的元器件、操作系统，还是下游的应用软件，都有完善的适配规则和大量的技术人才储备。

当启明星辰 2008 年准备改变研发方向，希望乐研配合做硬件技术适配，基于当时另一个在西方市场刚刚流行的芯片架构 MIPS 做网络安全硬件平台产品研发的时候，乐研开始重新审视自身的技术路线。

周玲认为，基于当时乐研有限的资源，不可能选择两条以上技术路线的研发道路。而无论是 ARM 架构还是 MIPS 架构，经过两年的实践都没能大范围普及，现实挑战就是能适配这两种硬件产品的下游网络安全软件厂商凤毛麟角，继续沿着这两个技术路线往下探索的话，乐研将面对客户基数太小的现实困境。

经过慎重思考，周玲决定放弃启明星辰的邀约，暂不涉足 MIPS 架构的硬件产品开发，同时决定暂时放弃探索了两年的 ARM 架构产品路线，将主要的研发资源重新投向 X86 主战场。

但现实挑战是，当时的市场格局并未发生变化，中国台湾厂商依然是市场主导者，原有的价值网络也并未出现轮替，乐研想要生存下去仍然需要坚持差异化发展策略，从夹缝中寻找生机。在周玲看来，乐研需

第一部分　困局篇：困局之中谋发力（2000—2010 年）

要走出一条类似"长征"的大迂回道路，寻找新的"根据地"。

如何在 X86 框架下寻找生机？乐研把目光投向了当时比较流行的"上网本"。

2007 年，华硕推出第一款上网本，初衷是为了给老人、小孩和家庭妇女定制一款低价迷你型笔记本电脑。7 英寸的小屏幕、运行 WindowsXP、没有光驱、赛扬 M（900M 主频）处理器、512M 内存、4G 硬盘、重 0.92 公斤、价格不足 300 美元等特点着实吸引了部分消费者。

这款"非主流"产品当时并没被 PC 大佬们看好。惠普、东芝、富士通都对上网本做过开发，却因为当时上网本的市场定位模糊而放弃。戴尔认为上网本无足轻重，成不了大气候；联想认为上网本成本低、利润低，会损及联想的高端形象。

正是这款"功能不全、几乎没有人看好"的"玩具"却出乎意料地全球大卖。2007 年第四季度，华硕 EeePC 全球单季销售量突破 30 万台，2008 年第一季度单季销售量突破 60 万台。一时间，上网本在 PC 巨头间产生了神奇的魔力，包括惠普、戴尔、宏碁、联想等巨头都加入了上网本的争夺战，就连一向傲慢的苹果也加入了战局。

"上网本"主打低配低价的策略，从屏幕到 CPU 都需要足够性价比的解决方案。而为了满足 PC 厂商的这类需求，英特尔特意研发了凌动处理器（也就是上文提到的 Atom）N270。而乐研就是把目标锁定在了这款处理器上。

2008 年，在北京与台北电脑展上，英特尔正式推出了 Intel Atom 处理器系列。Atom 系列使用广泛，适合嵌入式工业场合，移动互联网设备（MID），以及简便、经济的上网本等。与一般的桌面处理器不同，

Atom 处理器采用顺序执行设计，这样做可以减少电晶体的数量。为了弥补性能较差的问题，Atom 处理器的起跳频率会较高。而其中的凌动 N270 系列，就是专门为上网本设计的。依靠凌动 N270 芯片的超高性价比，戴尔、宏碁、惠普等众多 PC 厂商在那个笔记本电脑动辄上万元的年代，成功推出了 3000 元档位的上网本，而国内的海尔、同方等 PC 厂商甚至推出了 1999 元价位的上网本。

率先瞄准凌动 N270 芯片的乐研，经过数个月的适配研发，在 2008 年成功推出了国内第一款 Atom 网络安全硬件平台。而依靠凌动 N270 芯片的极致性价比，乐研顺利地在 X86 框架下把最终的安全平台成本做到了 3000 元以下。有了这个价格优势，乐研很快收获了网神信息的订单，签下了自己的第二个大客户，并且顺利在中低端市场占领了一席之地，找到了自己的第二个"根据地"。

这次在产品上的差异化突围，也帮助乐研成功实现了从 ARM 向 X86 的产品迭代，被周玲视为乐研发展过程的一个"里程碑"。

与国产芯片同行

在大迂回的同时，乐研努力寻找新根据地。在当时严峻的外部竞争环境与自身实力尚弱的情况下，乐研同时在进行一些当时看来无利，但却对未来网络安全产业国产化意义深远的尝试。

上文在阐述网络安全产业结构时讲过，CPU 是最核心的要素，是整个产业的发动机。乐研有在硬件设备层搞自研的雄心，自然也有在芯片层具备自研雄心的企业。其中由中国科学院计算所自主研发的通用 CPU 龙芯微处理器，便是最早一批通用高性能微处理器自主知识产权探索的先驱之一。

2001 年 5 月，在中科院计算所知识创新工程的支持下，龙芯课题组正式成立。2001—2008 年，龙芯并未成立公司，它还只是中科院计算机所下属的课题组。"那时全部都是国家掏钱，花了国家 4 亿多元。我把这个投资叫天使投资。"龙芯总设计师胡伟武在采访时曾说到龙芯艰难的自研起步阶段。

经过数年的艰苦自研，2007 年 7 月 31 日，龙芯 2F 流片成功，龙芯 2F 成为龙芯第一款可量产的产品芯片。转过年来，龙芯团队便成立了后来的国产通用芯片龙头"龙芯中科"，开始尝试进行产业化探索。

但对于当时刚推出的龙芯 2F 而言，其不仅性能无法与已经发展了近 40 年的英特尔先进制成的芯片相比；而且没有经过商业化应用的检验，其成本反而要比英特尔高出很多。

这样低质高价的产品，自然是无法赢得市场的，因此初期的客户都只能是抱着支持国产芯片的信念，与龙芯一同迈出国产自研的第一步。在网络安全硬件平台领域，当时的乐研做了第一个吃螃蟹的人，基于龙芯 2F 研发了国内第一款网络安全硬件产品，然后由一家国产的网络安全软件初创厂商鼎新高科（已倒闭）负责软件部分的开发，最终的成品则由中科曙光负责推向市场。因此基于龙芯 2F 芯片的第一款国产网络安全应用，是由龙芯中科、乐研科技、鼎新高科、中科曙光四方合作完成的，这也是纯粹由国产厂商组合在网络安全领域搭建价值网络的开端。

结果可想而知，超万元的成本，以及尚须提升的性能，龙芯中科、乐研科技、鼎新高科和中科曙光联合做出来的这款国产网络安全硬件平台产品的销路并不顺畅。但这是一个好的开始，让乐研和龙芯中科这样的国产自研芯片探索先驱建立了合作关系，开始摸索国产安全硬件平台的研发与商业化落地的模式。此后的过程中，乐研发也进一步与兆芯、飞腾、鲲鹏等国产化芯片厂商陆续建立了战略合作关系，彼此扶持共同成长，为日后信创产业的国产化进程积蓄了最初的力量。

而在自研道路上不断探索的乐研，在积蓄了一定技术实力后，分别获得了 Intel 全球"未来之星合作伙伴"称号、通过了高新技术企业认证、并于 2009 年通过了 ISO9001 质量体系认证。

对于一家成功的硬件厂商而言，除了研发外，坚持自主可控、安全高效，做好供应链战略设计和精准施策，锻造产业链供应链长板也是立足的关键。但对刚刚起步的乐研来说，供应链的搭建与技术研发一样充满挑战。但最终，乐研基于中关村的供应链生态，一步步建立了自己的供应链网络，保证了采购的高效性、标准化、合规性。

第三章

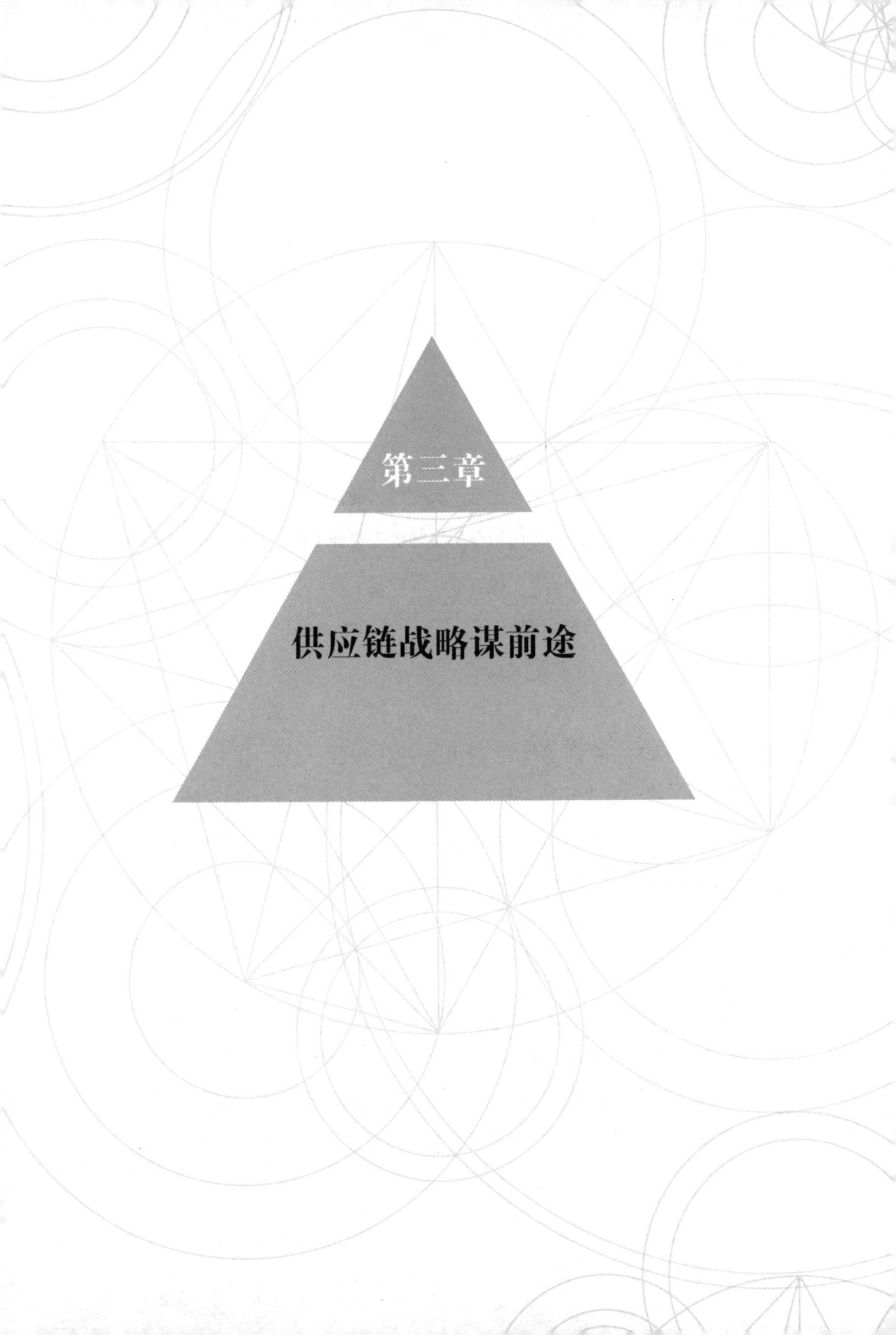

供应链战略谋前途

打的进货

2006年10月，北京又迎来了年度旅游旺季，全国各地的游客趁着十一黄金周的长假来到北京游玩，天安门、故宫、颐和园、恭王府等热门景点人头攒动，路边打出租车的游客更是络绎不绝，这也是北京"的哥"一年中最赚钱的时节。但这却让周玲犯了难，站在本不是旅游景点的中关村电子一条街边的他，等了半个小时连一辆出租车的影子都没见到。

周玲来到中关村电子一条街不是为了游玩，更不是为了"攒电脑"，而是要为新接的启明星辰的订单配备各种电子元器件。作为初创小公司，接的第一笔订单也并不大，彼时的乐研是没有能力进行采购招标的，而且乐研当时采用的是ARM架构设计方案，需要的芯片及配套硬件仍属于小众产品，想要找齐材料只能去往当时国内电子产品最全最丰富的中关村电子一条街。

中关村电子一条街东西走向，西起海淀桥原"硅谷"电子批发市场，东至保福寺桥，路南西南角便是号称"金三角"的鼎好电子大厦、海龙大厦与e世界。1980年10月23日，中国科学院物理研究所等离子体专家陈春先、高级工程师纪世瀛、崔文栋等7人，创办了中关村首家公司"北京等离子体学会先进技术发展服务部"，中关村的科技创新

第一部分　困局篇：困局之中谋发力（2000—2010 年）

故事就此拉开了序幕。

20 世纪 80 年代，如今的北四环还没建，大约以现在中关村 1 号桥的位置为中心，周边新技术公司云集，逐渐形成中国最大的计算机和电子产品集散地，即人们熟知的"中关村电子一条街"。

1999 年，太平洋数码大厦、硅谷、海龙电子城等相继开业，再加上后来的鼎好和 e 世界，在 20 世纪初的几年里，中关村电子市场的规模达到鼎盛。海龙电子城位于中关村大街 1 号，优越的地理位置，使其自开业以来一直处于中关村九大电子卖场的领军位置，日客流量曾超过 5 万人次。

2000 年前后，随着互联网大潮的来袭，中关村电子一条街不仅成为了百度等互联网创业公司的创立圣地，也成了消费者购买电脑必逛的"电子市场"，同时也是最先进硬件设备的第一展示平台与分销渠道。京东的前身京东多媒体，就是在中关村的电子一条街标准的 3 平方米柜台中创立的，而最初支撑刘强东发家的就是靠着刻录机的分销以及"中关村唯一一家明码标价只卖行货"的承诺积累起来的声誉。

彼时的中关村电子一条街虽然是全中国最大的电子产品集散地，消费者和硬件厂商可以在街边两侧密集的电子大卖场中找到任何公司任何型号的产品，同质化的发展使得竞争越来越激烈，拉客、宰客现象屡见不鲜，假货、翻新产品大行其道，原来的中关村电子一条街甚至沦为了"骗子一条街"。

对于在这里淘货的周玲而言，甄别产品的型号对不对版是功课之一，和商户讨价还价则是功课之二。这也是创业公司起步时的常见做法，只能和这些通过柜台做二级分销的商户对接。而周玲打出租车不只是为了来选货，更是为了来运货。

彼时的快递物流业还不发达，如果是大客户，厂商会通过自有车队或外部车队整车发货到指定地点。但对于乐研这种小客户，只能靠自己安排车辆运货。由于刚开始订货量小，打出租车运货反而是最经济实惠的。起初的两年，周玲几乎每周都会在办公地久凌大厦和中关村电子一条街打车来回。就是靠着打的进货，乐研一点点地与上游供应商建立起了联系，并为后期绕开分销商与一级代理商甚至元器件厂商建立直供关系打下了基础，而在供应链上打下的基础也成了乐研日后在行业内崭露头角的关键要素。

对周玲而言，供应链的搭建和管理是其为乐研制定的核心战略，而战略的第一次方向选择，是从拒绝"水货"开始的。

拒绝"水货"

彼时，中关村电子一条街货品丰富，但也鱼龙混杂，除了消费欺诈外，还有一条灰色产业链是很多商户的生财之道，那就是走私"水货"。"买水货就到中关村。"这是当时消费者耳熟能详的一句"广告语"。所谓的"水货"并非假货，而是未取得原厂代理许可，通过非法手段走私进入内地市场的产品，因为产品没有缴纳关税，因此价格要比正规渠道的"行货"便宜不少。

面对 300% 的利润率，有大量企业愿意铤而走险。而借助水货的低成本获得产品竞争力，也是很多下游客户愿意选择的方式。

但周玲却对这个获取竞争力的"捷径"说了不。

为了供应链的长期稳定，2008年，乐研决定不再向租赁电子卖场柜台的分销商拿货，而是一律切换为与原厂的一级代理商合作。因为在当时的市场情况下，分销商等贸易商一定存在走私水货的情况，而与原厂签订代理合同的代理商往往会更正规一些，能保证提供的产品都是正版行货。

据周玲回忆，当时为了保证采购的元器件都是正规报关的行货，乐研甚至在香港合作了一家报关公司，所有乐研采购的订单，代理商都需要通过这家报关公司完成报关，避免部分代理商利欲熏心走私水货。而对于发现有走私水货情况的合作代理商，乐研则会直接切断合作关系。

但这样一来，乐研的生产成本相对使用水货的厂商自然要更高，迫于经营压力，一些同事和周玲商量是否要把一部分元器件采购替换为水货。即一部分元器件还用原厂正规渠道报关的行货，以此与原厂建立稳定的供应关系；而另一部分元器件采用水货，从而降低整体的生产成本。但周玲严肃否决了这个提议，并直接宣布，如果谁用水货替代，一旦被公安机关查处，周玲一定会大义灭亲把对方送进去，因此手下的人没一个敢私下采购水货。

自2008年开始与原厂建立直供关系后，随着乐研的规模不断增长，乐研的供应链也逐渐成型和愈加稳固。以至于近两年全球出现芯片荒的情况下，乐研的芯片供应完全没有受到影响，甚至和厂商把供应合同签到了2025年。而这样的稳定供应，也帮助乐研较之竞争对手形成了明显的领先优势。

除了与国外的元器件厂商建立稳固的供应链关系外，乐研在国产芯片厂商的起步阶段就已经开展深度研发合作关系，自然也与他们建立起了深厚的供应合作关系。因此在供应链战略上，乐研一直是两条腿走路，传统国外芯片厂商和国产自研芯片厂商都是战略合作方，因此无论是传统的网络安全硬件平台的市场竞争，还是国产替代化浪潮下的份额争夺，乐研都具备了足够的先发优势。而这也正是乐研能在一众台资厂商垄断的市场格局下顽强生长，并最终站稳脚跟，杀入第一梯队的核心依仗。

以远见谋创新，以实力谋发展，乐研科技在2006—2010年初步验证了高品质、差异化的自研产品竞争策略有效，并通过具有战略前瞻性的供应链布局赢得了稳定供应的优势，最终在中低端市场上拥有了一席之地，实现了在困局中谋得发力的机会。

而前5年打下的基础，则给了乐研日后冲击中高端市场的可能和实力。从2011年开始，乐研要开始在X86的核心主战场崭露头角，为国产网络安全硬件平台的破局探索出路。

第二部分

破局篇

破局之中寻开悟（2011—2015年）

"懦夫从不启程，弱者死于途中，只剩我们前行。"耐克创始人菲尔·奈特在《鞋狗》中写道。洗牌过后，剩下的只有以乐研科技、工蜂电子为代表的厂商继续深耕，通过持续提升研发能力，深化行业理解，优化供应链管理等方式，拓宽产品结构，构建与国内众多头部网络安全软件厂商的长期稳定合作关系，进而形成差异化优势，逐步提高市场影响力和竞争力。

第四章

拿下中低端市场

第二部分　破局篇：破局之中寻开悟（2011—2015 年）

第三个大客户

随着乐研在凌动 N270 芯片的适配产品上取得成功，大量中国台湾厂商纷纷跟进，这一个被乐研发掘的低端差异化市场一两年内便杀成了红海。很多原本就只能在低端市场探索的大陆 IT 硬件厂商，多年来也没能突破那些厂商对网络安全硬件平台中高端市场的封锁，而自身原本所处的低端市场又被大量入侵，因此纷纷在 2010 年前后退出了网络安全硬件行业。

"懦夫从不启程，弱者死于途中，只剩我们前行。"耐克创始人菲尔·奈特在《鞋狗》中写道。洗牌过后，剩下的只有以乐研科技、工蜂电子为代表的厂商继续深耕，通过持续提升研发能力，深化行业理解，优化供应链管理等方式，拓宽产品结构，构建与国内众多头部网络安全软件厂商的长期稳定合作关系，进而形成差异化优势，逐步提高市场影响力和竞争力，在与中国台湾厂商的竞争中平分秋色。

2010 年的乐研面对刚刚找到的"根据地"出现了被台资厂商侵袭的苗头，并没有固守挨打，而是快速开始寻找新的方向。而英特尔刚推出不久的凌动 D525 芯片进入了乐研的视野。相比凌动 N270 芯片，凌动 D525 芯片的各项性能都有所提升，并且依然具有性价比优势，很快成为乐研新产品的研发方向。

中国台湾厂商对凌动 N270 的研发跟进当时更偏向于防守策略，因为 X86 架构一直以来都是面向的中高端市场，当他们看到乐研在 N270 这个中低端系列上获得了大客户并开始扭亏为盈后，才决定封堵后路以免后患。但本质上那些厂商一直看重的都是中高端市场，因此并没有在 D525 上太过敏锐地阻击乐研。

并且，当时英特尔自身其实也不太看好凌动系列在中后台硬件设备上的应用。据悉，原英特尔数据中心集团副总裁兼总经理科克·斯考根曾表示，英特尔不准备将凌动处理器推向服务器市场，尽管部分厂商正在使用低功耗凌动处理器开发服务器。

"我们并不反对基于凌动的服务器，我们只是不看好将其作为一款服务器芯片广泛使用。"斯考根认为，使用 ARM 芯片的低能耗服务器只能提供给非常小众的市场使用，而且相比凌动系列，ARM 处理器则存在更多的劣势，因为该产品无法兼容基于 X86 架构编写的软件。他还补充道，用户可以借助至强（Xeon）处理器来提高能源效率和性能的平衡，而不必借助凌动处理器。

作为由英特尔等美国 IT 巨头构建的价值网络中的中下游忠实参与者，中国台湾厂商自然更愿意根据英特尔的指挥棒定战略。但他们都不了解内地当时的情况，对本土化战略理解不深刻，给了乐研科技等大陆厂商积蓄力量并发展壮大的机会。

经过近一年的研发，2011 年 3 月，乐研科技顺势在国内第一个推出英特尔最新的基于 ATOM D525（双核 1.8G），搭载 DDR3 代内存的网络安全平台，定位于中低端 UTM、防火墙、ips、流量控制及上网行为管理平台。此时第三个大客户正好找上乐研，而这个大客户就是大陆第一

乐研推出国内第一款 ATOM D525 模块化平台

家网络与信息安全软件厂商天融信。

1994 年 4 月 20 日，在国务院的明确支持下，连接着数百台主机的中关村地区教育与科研示范网络工程，通过美国通信公司 Sprint 连入互联网的 64 Kbit/s 国际专线开通，成功实现了与国际互联网的全功能链接。因此 1994 年也被称为中国的互联网元年。

在此之前，中国大陆主要依靠拨号进行联网，高昂的电话费让互联网成为只是一些教育和政府部门才用得起的小众技术，而当时的网民也主要是教师、学生、专业 IT 人士等。但当 1994 年中国大陆实现与国际互联网的全功能接入后，科研单位着手中国互联网基础设施和主干网的搭建，中国科技网、中国公用计算机互联网、中国教育和科研计算机网、中国金桥信息网等相继开工建设。与此同时，民营企业也开始参与互联网创业。

1995年11月1日，张朝阳从美国麻省理工学院回归祖国，次年8月，依靠风险投资创办了搜狐的前身爱特信信息技术有限公司。1998年2月，爱特信推出搜狐，中国首家大型分类查询搜索引擎横空出世，搜狐品牌由此诞生。紧随着搜狐的脚步，1997年6月，丁磊在广州创立了网易，定位互联网技术公司，公司业务涵盖邮箱、游戏、新闻、社区、音乐等领域；1997年10月，新浪的前身四通利方获得中国大陆第一笔美国高科技风险投资，转过年来的12月便与华渊资讯合并建立新浪网。1999年，搜狐推出新闻及内容频道，奠定了综合门户网站的雏形，开启了中国互联网门户时代。2000年，号称"中国门户三剑客"的搜狐、网易、新浪先后登陆美国纳斯达克成功挂牌上市，标志着中国民用互联网的一个阶段性发展高峰。

就是在那几年，中国的网民数量呈现爆发式增长，大量企业和政府部门开始接入网络信息技术，而全功能接入国际互联网的那一刻，网络安全就是摆在所有互联网建设者和用户面前的一个重要命题。1991年，一代人的记忆瑞星杀毒软件便已创立；2000年，雷军和他的金山软件公司带着金山毒霸杀入了市场，很快成为了行业第一；2008年，周鸿祎打出了免费策略，一举让360杀毒成为了行业统治者。这些针对个人计算机杀毒业务的企业，都是大家耳熟能详的网络安全公司。而真正防护政府、企业等组织的通信网络安全企业，虽然不为人知，但也在悄然孕育。

比张朝阳回国创业还早，1995年天融信在中关村创立，成为中国

第二部分　破局篇：破局之中寻开悟（2011—2015 年）

首家面向政企客户的网络安全企业，也开启了网络安全产业元年。次年，天融信就推出了国内第一套自主产权防火墙"网络卫士"。防火墙的英文名为"Firewall"，主要是借助硬件和软件作用于内部和外部网络的环境间产生一种保护的屏障，从而实现对计算机不安全网络因素的阻断，是最重要的网络防护设备之一。而天融信研发出的第一套自主产权的防火墙，则标志着中国网络安全产业国产化的正式开端。

随着天融信的"网络卫士"防火墙研发成功，邮电、教育、电子和科研相关的政府单位纷纷采购，并应用于自身的信息安全防护。1997年，李鹏总理视察邮电部信息管理中心，对邮电部使用的天融信国产公司级防火墙产品给予高度评价，此后天融信"网络卫士"防火墙通过国务院信息化工作领导办公室组织的技术鉴定，被国家列为重点安全项目在全国进行推广。

经过数年的技术沉淀，天融信于2005年入选了电子政务100强企业，并为2008年北京奥运会、2009年中华人民共和国成立六十周年庆典活动、2011年"天宫一号"空间站和"神舟八号"航天飞船对接等重大事件的网络安全保驾护航。

2011年的天融信，已经是国内网络安全软件领域的领头羊，更是各大上游网络硬件厂商挤破头都要争取的大客户，而当时头部的台资厂商几乎都是天融信供应商中的座上宾。当时为了紧急赶制一批产品，天融信发布了招标计划，一方面需要控制采购成本，另一方面需要供应商提供高度定制化的方案，并且还得能快速交货。

面对这样的采购需求，天融信那些固定合作的台资硬件供应商都已经积极准备应标，本来乐研并没有什么取胜的机会，但乐研的快速交付能力和具备差异化的高品质产品再次帮助其突破了重围。

在产品方面,当时天融信需要一批中低端硬件平台,但性能要有一定保障。乐研新开发的凌动 D525 硬件平台正好合适,相比中国台湾厂商此时都在做的凌动 N270 硬件平台,乐研的凌动 D525 硬件平台性能要更出色,毕竟后者是英特尔凌动系列更新一代的产品。而且价格上 D525 并不比 N270 高多少,因此性价比要更胜一筹。但是让乐研获胜的还不只是产品性价比高这么简单,还在于乐研更敏捷快速的交付能力。

如果天融信拿着 D525 的方案让那些厂商研发,他们也能做出来,但可能得花费数月的时间适配。但乐研的方案却可以快速落地,因为 80% 的方案内容都是已经成型的,可以快速根据新的需求定制剩下的 20%,并且快速出方案,整个出货周期可以控制在一个月左右,因此速度上完胜竞争对手。由此乐研顺利拿到了天融信的订单,并顺利进入天融信长期合作的供应商列表。

那么乐研是如何做到的?上文已经提到过,网络安全硬件平台相比通用计算机设备,其定制化程度要高得多,而且单次的采购数量却更小,因此网络安全硬件平台的产品几乎都是定制化的,每次的方案都需要根据具体的需求才能决定。

而且,中国台湾厂商都是与英特尔深度绑定的供应商,他们同时也需要考虑英特尔的发展计划,对于英特尔每次推出的中后台芯片,他们几乎都需要跟进做硬件平台的研发,以保证和英特尔的同步。

上游的发展需求需要同步,下游的定制需求也需要跟进,而且两边都是高度分散的需求。就比如英特尔的芯片,有大量的系列,每个系列还会有很多型号,都需要做适配研发。因此中国台湾厂商的产品线会非常庞杂，几乎什么都能做，但就是速度慢，需要一定的交付周期。

但乐研采取了完全差异化的打法，能保证上下游需求的尽量一致性，而这套打法被周玲形容为"马兰拉面理论"。

"马兰拉面"理论

在乐研早期办公室北沙滩附近，有一家马兰拉面馆，这几乎就是周玲早期的食堂。每次晚上加班后，楼下大部分的门店都已经打烊，而马兰拉面馆作为一家连锁餐饮门店，往往会营业到很晚。每到此时，周玲都会选择走进面馆，叫上一碗拉面，偶尔也会配上卤蛋、豆干、五香猪肝、红烧丸子等小菜。

马兰拉面，源于上百年历史的兰州风味牛肉拉面，曾被称为中式快餐连锁的第一品牌。在中国传统饮食文化的基础上，马兰拉面借鉴了现代快餐简捷、明快的风格，形成了中国传统餐饮与现代快餐相结合的中式快餐模式。在中式餐饮的标准化、工业化、连锁化方面取得了重大突破，从民间小吃走向快餐企业，从作坊加工走向工业化生产。

马兰拉面的标准化也给了周玲灵光一现的启发。周玲发现，马兰拉面的主食其实是比较单一的，要么拉面要么盖饭，但由于每次可以配不同的小菜，搭配出多样的口感，因此并不容易吃腻，能有效满足食客对食物丰富性的要求。而正是基于这样"固定主食＋多样小菜"的搭配，让周玲在马兰拉面一连吃了好几年，成了马兰拉面老板和伙计都认识的老主顾。直到乐研后来换了新办公室，这种联系才就此中断。

但在马兰拉面吃面的经历，让周玲悟到了破除网络安全硬件平台上下游需求难同步的方法，并被其总结为了"马兰拉面理论"。

在周玲看来，企业级客户的需求确实是个性化的，需要供应商提供高度定制化的方案，但是这种定制也并非无穷尽的定制，企业客户需要的方案是解决自身问题，而非每一次都要完全不同的排列组合。因此供应商需要在多种多样的需求中寻找到平衡，自身的能力要既能保证核心功能的稳定可靠，又能在某次的个性化定制时提供差异化的方案。

而对于上游的大量多种类元器件，安全硬件平台厂商也完全没有必要覆盖所有产品条线。周玲为乐研定的战略一直是走差异化道路，不可能像台资厂商那样什么条线的产品都做，只能根据自己的情况在特定的几个方向上做突破，做到比其他厂商都更具优势。而这几个特定方向，就是"马兰拉面理论"的根基。

按照周玲的设计思路，乐研百分之八九十的东西是通用的。首先，芯片是通用的，只是根据设计做出各种各样的版型；其次，基本的配件是通用的，比如电源、内存等，只是最终的外观形态不一样。除了这些固定的通用模块外，有两样东西是可以定制的：一个是内核主板部分是非标的，二是整机机箱的外观是非标的。而这样的产品条线设计，保证了百分之九十七八的模块都可通用，这样乐研在备料时就会更容易。

所以本质上"马兰拉面理论"是乐研差异化战略在供应链管理上的表达。如此一来，乐研把整个战线缩短了，而客户要什么货，乐研会提前备一些安全库存，"我们叫作三级库存制度。"周玲说道。

第一级库存制度就是经常卖的成品，乐研会多备一些库存，也会要求客户备一些库存，这是第一级部署；第二级库存制度，乐研会把最核

第二部分　破局篇：破局之中寻开悟（2011—2015 年）

心的配件以及主板备一些库存，但也不会备得太多，这是第二级部署；第三级库存则主要备在芯片上，因为芯片的生产周期很长。

"从芯片来料到做成主板我们只要 4 天时间，再到做成整机和测试，最多两周就能搞定。"周玲对乐研的极致交货速度拆解道："我们把采购的芯片都备在香港，如果要货差不多两天之内就能报关到苏州，装配大概 4 天，前后差不多一周的时间搞定。然后主板运到北京。我们在北京组装、测试，所有的东西差不多三四天搞定，再留出一些应对突发情况的余量，差不多一周就能搞定。因此整体算下来，我们两周就可以交货了。"

在周玲看来，乐研的速度别人是没办法看齐的。对于当时的其他对手，周玲考察过他们的交货周期普遍是 8～12 周，疫情和全球芯片荒期间，交货周期更是拉长到了 12～16 周。因此，乐研借助供应链管理的能力，在交货的周期和稳定性上获得了一个巨大的优势。

靠着拿到天融信的订单初步站稳了脚步后，周玲便开始按照"马兰拉面模式"搭建供应链体系，并在 2013 年后初见成效。

利用在交货周期上的巨大优势，乐研以快打快，用时间换空间，到了 2015 年前后，在中低端市场，乐研建立起了行业领先优势。按周玲的话讲，当时去参加招标，亮出乐研的名片几乎就赢了，不需要再过多地介绍产品，以及和竞争对手搞比价、比方案等环节。

虽然 2015 年后乐研就已经在中低端市场站稳了脚跟，但周玲一直有着冲击中高端市场的梦。但在中低端市场中有竞争力，不代表在中高端市场中也能吃得开，据周玲回忆，当时国内的网络安全硬件平台中，高端的市场基本被韩国公司垄断，中高端的则主要被中国台湾公司统治，因此大陆网络安全软件厂商在针对中高端的硬件平台招标时，标书根本不会发给大陆的硬件厂商。

但在当时的周玲看来，乐研的实力已经可以布局中高端市场，因此让研发团队在 2013 年就开始针对高端产品进行预研发。

为冲击中高端做准备

"创业就像搏击，不仅是因为要不停痛击你的对手。创业艰辛而孤独。需要持续不断地集中注意力。不论你做得多好，你都必须时刻准备一次又一次地出拳击打。"硅谷最早一批的互联网先驱人物本·霍洛维茨（Ben Horowitz）曾如此感慨。

为了冲击中高端市场，乐研把目光锁定到了英特尔的 C226 芯片组。芯片组是一组共同工作的集成电路"芯片"，并作为一个产品销售，负责将计算机的核心微处理器和机器的其他部分相连接，是决定主板级别的重要部件。而 C226 芯片组是英特尔 2013 年前后主攻服务器市场的中高端产品，也是乐研准备攻克的第一个中高端自研项目。

经过数个月的研发，当乐研在 C226 芯片组的配套研发上取得了不小的突破时，周玲却坚决叫停了项目。因为当时英特尔推出了新一代的服务器芯片组 C236，于是周玲不顾 C226 芯片组的配套研发上的沉没成本，坚决切换到了基于 C236 芯片组的中高端网络安全硬件平台的研发。

此后的事情发展充分证明了周玲决策的正确，也使乐研再一次获得了幸运之神的眷顾。2015 年时，由于此前的供应商提供的产品质量太差，网神决定更换自己的中高端网络安全硬件平台，并对外发出招标计划。

由于在 C226 芯片组配套产品上先期的研发积累，乐研第一个在国内推出了基于 C236 芯片组的网络安全硬件平台。同时因为乐研也是网神信息中低端硬件平台的供应商，双方有信任基础，因此乐研顺利拿到了网神信息的中高端平台标书。

提到网神信息，也是中国网络安全行业的一个传奇。2006 年网神信息在北京创立，那时天融信、启明星辰、绿盟科技、深信服等老牌企业级网络安全软件厂商都已经创立了 5～10 年，网神信息只能算一个新手。但初创时的网神信息的主要人员均来自联想亚信，而联想亚信是联想集团将 IT 服务业务主体部分作价 3 亿元，以业务资产和股权置换的方式与亚信公司合并后在 2004 年 7 月成立的，而联想和亚信分别是中国 IT 产业硬件与软件领域的先驱和龙头企业。

2006 年初，由于联想亚信主导的网络安全业务营收不及预期，被亚信战略性收缩，核心管理层相继辞职，随后又有 100 多名员工同时提交了辞职报告，其中的一批骨干成员出来创立了网神信息。同样的团队和同样的业务，联想没能做成，接盘的亚信也因为急功近利而以失败收场，但其独立发展后，凭借着深厚的技术积淀很快以防火墙、VPN 类产品在业界见长，并不断将业务覆盖到边界安全、安全检测、安全隔离、主机安全及安全管理 5 大领域，17 大类产品。网神信息除了产品体系较全外，也具备军工资质和保密资质，因此政府机构、国企央企的客户较多。到了 2014 年，网神信息已经挤进国内网络安全软件行业的前列，其中 UTM、安全管理等业务的市场份额常年位居行业前三。

网神信息如日中天时，又一个重要的角色出现了。2014年，奇安信从360生态内孵化，同年以8亿元将网神信息收购，迅速扩大了自身的体量，也取得了众多关键行业资质。

奇安信的创始人齐向东曾是新华社最年轻的厅级干部，1999年与周鸿祎结识后便英雄相惜，最终于2003年从新华社离职与周鸿祎一同创立了北京3721科技有限公司，担任总经理。3721科技后来被雅虎收购，齐向东选择离开，并创立了360公司。而后通过3721科技退出获得的财富，周鸿祎作为天使投资人投资了360公司，并开始任360公司董事长。

360在个人消费级网络安全领域可谓家喻户晓，先是在2008年靠着免费杀毒软件一举颠覆了瑞星、金山毒霸长年来建立的行业格局；而后又在2010年对腾讯的核心业务发起挑战，一手挑起了互联网历史上的3Q大战，而这场商战也被视为腾讯转型的重要导火索，并开启了腾讯成为中国移动互联网一极的征程。而360战天斗地的过程中，也把创始人之一的周鸿祎推上了中国互联网斗士的宝座，并被广大网民赐名"红衣教主"。

但无论周鸿祎还是齐向东都明白，网络安全更重要的同时也是更具社会价值的主战场在企业级市场。周鸿祎曾提出国家大安全战略，即万物互联时代，网络安全威胁已经从网络空间扩展到对国家安全、国防安全、关键基础设施安全、社会安全、城市安全乃至人身安全的恶意控制或攻击。而在大安全战略系列板图中，政企网络安全业务是重中之重。

2015年5月25日，360正式宣布成立企业安全集团，发布了"互联网+"思维进军企业安全市场的战略，齐向东兼任360企业安全集团

CEO。而奇安信与360企业安全业务的关系是，2016年奇安信从360拆分出来，同时奇安信持有"360企业安全技术（北京）集团有限公司"的全部股权，负责360企业安全业务；而360则是奇安信第二大股东，所持奇安信股权占其总股本的22.59%。

按照360与奇安信当时的约定，周鸿祎与齐向东划分各自业务范围——周鸿祎及其控制企业将主要从事针对消费类个人用户提供安全软硬件与服务业务；齐向东及其控制企业将主要从事针对企业类客户提供安全软硬件与安全服务的业务。针对政府、军队、事业单位相关的非销售性安全业务，双方将以"360"品牌名义共同合作。

但齐向东一直有一个独立上市的梦想，希望完全由自己主导一家公司完成上市。2015年12月开始的360从纽交所摘牌的私有化进程中，齐向东把更多的精力投入了奇安信的运营。2019年4月12日，360宣布以37.31亿元出售持有的奇安信22.59%股权，360与奇安信正式分家。但在360公告宣布清空奇安信股权的两天后，周鸿祎曾对媒体表示："360和奇安信从来没有分家的概念，后者是360投资、扶植成长起来的，目前正准备上市，出于独立性和同业竞争的考虑清空了股份。但两家公司依然有商业来往。"

2019年5月10日，中国电子以37.31亿元持有奇安信22.59%股份，为其第二大股东，这意味着奇安信已正式加入网络安全国家队。2019年在北京市举行的促进科创、民营、小微企业融资工作座谈会上，经过评估，国家发改委、工业和信息化部等部门把奇安信作为重点企业推介科创板，北京市政府也曾表示继续积极拓宽债券融资，给予奇安信登陆科创版以支持。2020年7月22日，奇安信成功在科创板上市，市值最高时超过 900 亿元。

此后，网神信息也更名为奇安信网神信息，成为奇安信集团这个网络安全国家队旗下的主要成员之一。奇安信 2021 年财报显示，奇安信的主要收入来自网神股份，其中网神股份营收 55.42 亿元，占公司总营收 95.4%。

说回乐研，2017 年拿到网神信息中高端硬件设备的标书后，乐研根据自己的研发积累，第一个做出了基于 C236 芯片组的安全平台。由于其他竞争对手都还在研发 C226 芯片组的安全平台，而 C236 芯片组相比 C226 芯片组又存在代际优势，而且短时间内竞争对手也很难在 C236 芯片组的安全平台上有明显突破，乐研顺理成章地就拿下了自己在中高端市场的第一单。

成了网神从中低端到中高端的供应商后，乐研自然也就顺利成为奇安信的供应商，拿下了这个日后会成为国内网络安全软件第一梯队玩家的重量级客户。

纵观乐研前十年的发展，确实很容易把乐研的成功归结于运气，因为几乎每次转向乐研都能遇到"贵人"客户，但深度分析却不难看出，用运气概括乐研的成功其实并不够客观。

无论是依靠国内第一款基于 ARM 芯片的安全平台拿下启明星辰；还是依靠国内第一款基于凌动 N270 芯片的安全平台成为网神中低端的硬件供应商；再到后来快速转向做第一款凌动 D525 安全平台拿下天融信，并成功在中低端市场站稳脚跟；以及根据市场情况和自身实力评估杀入中高端市场，凭借在 C236 安全平台上的率先投入，拿下奇安信网神信息的中高端订单，成功进入中高端市场，乐研每一次技术转向其实都是基于对市场和中国客户的深度理解,并在自身实力够得着的范围内尽量超前布局,才总能踩对市场的节奏。

而乐研的打法无形中暗合了科技产业的发展规律,即"小步快跑,快速迭代",在"运动战"中根据市场反馈及时改变策略,并不断从中获得收益与经验壮大自己,并成为最后的赢家。这几乎是所有蚂蚁打败大象并最终成长为大象的民营创新小企业成功的最佳策略。

但这个策略还只能保证乐研逐渐缩小与行业领导者的差距,想要弯道超车则需要一个切换价值网络的契机,和企业自身敢于无回报超期押注和投入的勇气与信念。对于乐研而言,这样的机会就是其一直在做的国产化探索。

2007年与龙芯中科合作推出第一款全国产自主知识产权的龙芯2E安全平台后,虽然市场反馈不佳,但乐研并未就此打住。在2011—2015年的破局阶段,乐研仍然在积极尝试与国产芯片厂商合作,不断推动国产化网络安全硬件平台产品线的技术迭代。

第五章

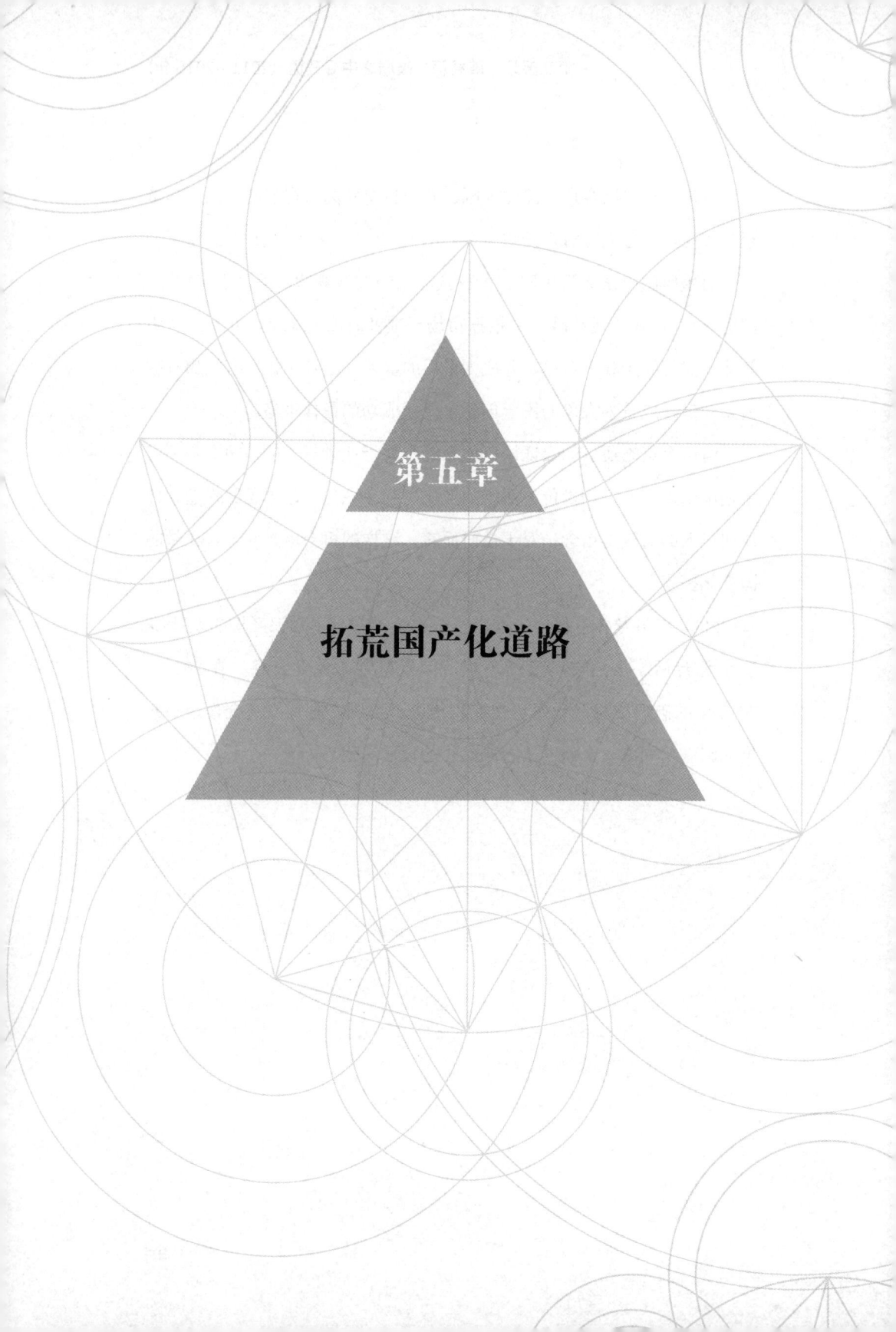

拓荒国产化道路

第二部分　破局篇：破局之中寻开悟（2011—2015 年）

迟到 13 年的"奔腾 P3"

2012 年在中国自主产权通用芯片研发的历史上，是一个具有里程碑意义的年份，因为这一年龙芯中科自研的四核龙芯 3A1000 处理器不仅完成了产品化，而且在市场中实现了规模化推广应用。龙芯 3A1000 使用了 GS464 微结构，主频达到了 0.8-1.0GHz，单核通用处理性能与英特尔公司的奔腾 P3 处理器相当。

提到英特尔奔腾处理器，相信大部分的 80 后与 90 后的网民都不会陌生。在 2006 年以前，每次打开 Windows 电脑，人们都会听到一段熟悉的音效——"灯，等灯等灯"，而这段音效就与英特尔奔腾处理器的发展息息相关。

故事还要从 1991 年讲起。当时英特尔为了提升自身在大众消费者群体中的认知，提出了一个口号——"Intel Inside"，直接翻译的意思就是"英特尔的处理器就在里面"，而这个口号寄托了英特尔的重要战略布局。

因为芯片是整机产品的上游元器件，并不会直接面向消费者，因此像英特尔这样的 toB 企业往往不会向终端消费者打广告。但英特尔想反其道而行之，希望让更多的消费者认识到芯片对于整个计算机产业的核心价值。因此通过和整机厂商谈判，英特尔获得了在开机音效中将自身元素加进去的特权。围绕"Intel Inside"这个口号，英特尔设计了"灯，等灯等灯"这个经典音效。

英特尔这个营销战略最终收效显著，不仅全世界的消费者都知道了英特尔，而且让英特尔最先进制程的芯片成为了价值标尺——大量消费者将是否搭载了英特尔最先进制程的芯片作为衡量一款电脑性能的核心指标，而大量计算机厂商则把自身旗舰产品搭载的芯片类型作为互相比拼、大秀肌肉的关键抓手。而这种消费文化，甚至一直延续到了智能手机时代。

英特尔此举的成功，也深刻影响了其他 toB 企业的营销理念和打法，其中就包括高通和华为。

以华为为例。在没有推出 toC 的消费电子产品业务前，华为其实是一个单纯的通信设备厂商，纯粹的 toB 企业，生产和销售的产品离终端消费者很远。但在以通信设备业务为主的时代，华为就开始有意无意地向外界传递自身的技术实力，从而让大量中国消费者在完全没用过华为任何产品的情况下依然熟知华为这个品牌，并为华为打上了技术实力雄厚的标签。

当华为开始进入电子消费市场时，此前积累的口碑，很快就帮助其俘获了大量用户。因此在很多消费者认知里，华为就是技术实力和品质保障的代名词，而买华为手机则变成了一种身份认同消费（当然华为的技术实力也确实是实打实得强）。

回到英特尔的故事。就是在"灯，等灯等灯"这个音效发布的第二年，奔腾处理器面世。1992 年 10 月，英特尔重磅推出了第五代微处理器奔腾系列，该系列具备两条数据流水线，可以同时执行两条指令，其处理能力则直接是上一代80486系列的5倍。

随后的14年时间，奔腾系列一直都是英特尔的门面，更是世界最先进芯片的旗帜。直到2006年英特尔推出酷睿系列，接棒奔腾成为英特尔高端芯片的新门面，奔腾才退居二线，成为了英特尔的入门级产品。

因此，从1990年中国能拨号上网，到2006年酷睿发布，中间的16年中80后和90后的网民都是听着"灯，等灯等灯"音效，看着奔腾的广告度过的青葱岁月。

而龙芯3A1000系列对标的奔腾P3处理器，则是奔腾于1999年就推向市场的系列。如果按照摩尔定律"每18个月晶体管密度翻一倍，芯片完成一次代际升级"的理论，龙芯3A1000系列是2012年问世的，比奔腾P3处理器晚了13年，因此理论上要比当时最先进的芯片落后将近9代，而对比晶体管密度的话则是差出了9个数量级。

虽然现实的巨大差距就是如此残酷，但是龙芯3A1000系列的问世依然具备里程碑意义。龙芯3A1000系列是我国第一个四核CPU芯片。在龙芯3A1000的研制过程中，中国掌握了多核CPU的片内互连及Cache一致性技术，以及片间多路互连技术。直到今日，龙芯仍然是唯一能支持多路服务器的自主CPU。而且龙芯3A1000系列能达到奔腾P3处理器的水平，预示着龙芯已经把与世界最先进水平的差距缩小到了可以追逐的程度。相比之前，纯国产自主知识产权的技术连高性能通用微处理器都还做不出来，更不要说追赶世界先进水平。

龙芯3A1000系列问世后，国产芯片有了新的起点和技术迭代的路径，此后就知道了研发要往什么方向使力，以及用什么方式使力。对于芯片产业的国产化而言，这就是破局。

回到龙芯。2008年，在中科院和北京市政府共同牵头下，龙芯中科正式成立，到了2010年便开始了市场化运作，着眼于研发符合客户需求和具有市场竞争力的处理器产品。龙芯3A1000系列便是龙芯中科向市场交出的第一份答卷，但作为一家市场化运作的公司，是必须考虑市场竞争和产品性价比的。

注定赔本的国产化尝试

据周玲回忆，2012年时基于龙芯3A1000系列开发的网络安全硬件平台，如果售价低于1万元则无法覆盖成本，但这款产品的性能在当时却只能算是中低端水平，而中低端产品的平均市场售价只有三四千元。因此，基于龙芯3A1000系列开发任何硬件产品和软件服务都是不划算的，几乎不会有市场，所以很少有中下游软硬件厂商愿意配合龙芯做产品研发。

但这还不是应用国产化芯片开发网络安全硬件平台最大的难点。

在当今全球的IT领域，有两大生态体系，分别是20世纪90年代后随着PC的大量普及，由英特尔与微软形成了"Wintel生态体系"；2010年后随着智能手机的普及，由ARM公司与谷歌形成了"AA生态体系"。而这两个生态体系的根基，分别是X86架构的芯片加Windows操作系统，和ARM架构的芯片加安卓操作系统。

目前在以服务器为代表的中后端IT设备市场，"Wintel生态体系"

仍是主流，X86 芯片占据着 90% 以上的市场份额，是绝对的领导者。而 X86 架构是芯片执行的计算机语言指令集，由英特尔开发，因此所有跑在 X86 架构上的应用程序都需要按照英特尔的规则来设计。因此，当 IT 设备厂商选择了一种芯片架构时，就是选择了一个体系来依附。

但龙芯自创立起就没有选择 X86 架构，而是选择了当时在国外并非主流的 MIPS 架构进行 CPU 的研发。2021 年时，龙芯更是开发了完全自主知识产权的 LoongArch 指令集。

与此同时，龙芯还在自研操作系统。目前该公司拥有面向桌面与服务器应用的 Loong nix 及面向终端与控制类应用的 Loong OS 两大基础版操作系统。在上述两大操作系统的基础上，通过统一系统架构实现操作系统跨硬件的二进制兼容，通过完善应用编程框架实现应用的二进制兼容与优化。

因此，无论是芯片架构还是操作系统，自成立以来，龙芯中科就致力于打造独立于 Wintel 和 AA 体系的信息技术体系和产业生态。这不仅是国家的需求，也是时代的需求。

但这对于 2012 年时的下游 IT 设备厂商而言，却是犯难的选择。因为如果选择龙芯架构做产品研发，就意味着要在一个全新的没有根基的生态内玩，而这不是自己说了算的，因为还要看下游的应用软件厂商愿不愿意。同样，下游软件厂商也需要重新按照新规则设计应用，并说服自己的终端企业客户接受。

因此，选择全新体系面临的挑战，才是让乐研等下游 IT 设备厂商难以选择国产化产品的关键因素。

据周玲回忆，在当时的网络安全领域，软件厂商中只有启明星辰和中科曙光愿意参与软件产品研发，而硬件厂商只有乐研愿意陪着一块共创。但好在与 2007 年龙芯 2F 的网络安全产品开发不同，这次的产品已经从实验室原型产品走向了市场，有一些国内科研院所愿意采购。"一年的销量也就一两百套，我们几家就靠着这样的订单细水长流着，维持着这个国产化芯片在网络安全领域应用的火苗不灭。"周玲说。

但就像龙芯中科在芯片架构和操作系统上坚持自主创新一样，在网络安全领域的国产化尝试即使注定赔本，乐研等厂商依然在坚持与龙芯等国产芯片厂商同行。

在此过程中乐研最大的收获，就是全程参与了国产化芯片在网络安全领域的硬件共创，并一直积蓄国产化方面的技术能力，为日后国产化大潮的到来提前做好准备。而这样 10 年期的超前准备，就是乐研弯道超车的机会，也是国产化网络安全硬件平台弯道超车的机会。

第三部分

布局篇：

布局之中找突破（2016—2020年）

"在机会的世界里，没有太多的机会可以争取，如果你真的想成功，你一定要掌握并保护自己的机会，更要设法抢夺别人的机会。"早在20世纪30年代，石油大亨洛克菲勒（John Davison Rockefeller）在《洛克菲勒留给儿子的三十八封信》中这样写道。所谓"机会"，都是争取来的，而最终的胜利总是留给有准备的人的。

第六章

站稳中高端市场

漂亮翻身仗

2015年，乐研第一个基于C236芯片开发的网络安全硬件平台拿到了网神信息的订单，成功进入中高端市场后，总算在中高端市场有了产品抓手和成功客户案例。而乐研在中高端市场的真正立足机会，半年后才真正出现。

2015年底，国家税务总局统一部署，将用两年时间在全国国、地税系统全面完成金税三期工程建设任务。作为全国第二批上线单位，某些省国税部门要开展双轨试运行工作，并尽快完成金税三期工程在全省国税系统正式上线运行。

金税工程是1994年1月基于我国推行的新税制，经国务院批准的国家级电子政务工程，是国家电子政务"十二金"工程之一，是税收管理信息系统工程的总称。其中金税三期于2013年实施，经过在广东、山东、河南、山西、内蒙古、重庆6个省（区市）级国地税局试点后，开始在全国范围逐步推广，并于2016年完成全部推广。

金税三期工程是包含了金税三期新建系统、总局保留系统和地方特色软件三大类系统的大型综合税收信息管理系统，涉及税收管理、外部信息交换、管理决策、纳税服务、行政管理等方面内容，覆盖了国税、地税部门管理的所有税种和所有工作环节，并能与有关政府部门和外部单位实现信息交换。金税三期工程建设将有效提高各省国税系统的信息管税能力和纳税服务水平。

为了保证金税三期工程的网络安全，税务总局要采购上万台中高端的防火墙产品。这个招标，最终由天融信赢得。

这个项目可谓既重大又艰巨而且特别复杂，作为最终面向客户交付产品的网络安全软件厂商，天融信也需要紧急采购安全硬件平台，并需要供应商根据项目需要完成定制化的产品开发和快速生产，而留给供应商的交付周期更短。

情况紧急，天融信立刻查看供应商列表，要找出那些能快速给出方案并能保证实施进度的供应商。最后天融信看中了乐研，选择与乐研进行深度合作。

这背后的原因，一方面，在过往硬件产品的合作过程中，乐研敏捷、快速、稳定的交付能力让天融信印象深刻；另一方面，此前的半年乐研科技刚刚开发出了基于C236的网络安全硬件平台，并获得了网神信息的订单，初步具备了承接中高端需求的能力和资格。因此天融信希望乐研能参与到这个项目中，一起来解决问题。最终，乐研将行业同行以年为单位的研发周期，缩短到了以月为单位，顺利完成了研发、生产、交付任务。

这次成功合作，为乐研科技在中端市场的发展打下了基础。不过，在中高端市场的突围，还需要另一次契机。在另一个项目中，中端产品和高端产品分别占10%、90%，天融信不太放心让乐研科技承接占比90%的高端产品需求，甚至，据说连标书都不打算发给乐研科技，而是由两家中国台湾厂商来承接。利润更薄的终端产品，则全部交给乐研来做。

站在当时的产业背景下,天融信高层的考量是有道理的。不过,对于乐研来说,这是一次需要协同合作伙伴证明技术实力的重要节点。因此,乐研决定要与天融信进行深度沟通,将技术实力展示清晰,并且把共同的目标讲清楚。"当时,一些朋友还给我们打电话安慰,'你们在中低端市场的规模已经很大了,就把这次的中高端产品让给那些厂商做吧,可以一步一来'。"周玲回电话给天融信高层,对技术方案和目标做了清晰解读。

经过详细解释,天融信高层最终认可了乐研的技术方案,也认可了乐研在高端硬件需求上的实力。最终,在中国台湾厂商垄断中高端市场的情况下,天融信高层打破了行业一直以来不认可大陆厂商技术实力的情况。

经过权衡,天融信决定乐研和另外两家台资厂商都中标,然后根据三家的交付进度和方案质量最终决定各自的采购比例。还是因为量小利润少的原因,那一成的中端硬件需求台资厂商懒得抢,还是全权由乐研承接;占大头的九成中高端需求,则三家凭实力争夺。

"在机会的世界里,没有太多的机会可以争取,如果你真的想成功,你一定要掌握并保护自己的机会,更要设法抢夺别人的机会。"早在20世纪30年代,石油大亨洛克菲勒(John Davison Rockefeller)在《洛克菲勒留给儿子的三十八封信》中就这样写道。

所谓机会都是争取来的,而最终的胜利总是留给有准备的人的。周玲靠着自己的"赌气",抢到了承接中高端需求的机会;而乐研也将靠自己的实力和提前布局,最终拿到蛋糕中最大的那份。接下来就让我们看看乐研是如何把握机会的。

首先，乐研因为此前两年多在中高端硬件平台上的沉淀，已经有了非常成熟的方案和供应链安排，差不多45天就能完成从产品定制设计到最终的产品交付。如果是换作其他的厂商，这个周期一般得在一年左右，因此这也是天融信紧急找来乐研共渡难关的核心原因。

其次，基于本土研发的低人力与管理成本、"马兰拉面模式"的供应链管理挤出的效率成本、以及产品上长期保持差异化战略带来的性价比优势，让乐研的最终产品方案更具性价比优势，在同样的性能情况下，乐研的产品价格能碾压另外两家厂商。

最后，也是最关键的，乐研在提供的中端产品方案中提供了一个备选方案，即只需要对原方案做少量的改动，就能立马实现中高端产品的性能要求，而且价格并没有提升太多。另外，因为是同一家厂商出的产品，因此在产品的协同性上也要更好。几乎是一个完美的方案。

靠着效率优势、价格优势、协同性优势，原本最不被看好的乐研，反而最终拿到了八成的订单。剩下的两家厂商争夺了半天，最终只拿到了两成需求。以至于两家厂商高层后来拜访乐研，特意对乐研所取得的技术突破进行深入调研。

对于乐研而言，金税三期这一仗绝对是自己在中高端市场的翻身仗。45天便完成了大规模的产品交付，而且最终的产品都是用在省级政府部门的主干网络上，产品的性能得到了充分背书。

经此一役，乐研的产品品质、性价比优势、交付的高效及稳定性等硬实力在外界展示得一览无余，乐研成功站稳了中高端市场。

根据网络安全硬件平台适配的CPU处理能力，网络安全硬件平台可以划分为五大等级——低端、中低端、中端、中高端和高端。下游网络

艾瑞咨询对网络安全硬件平台的市场分析

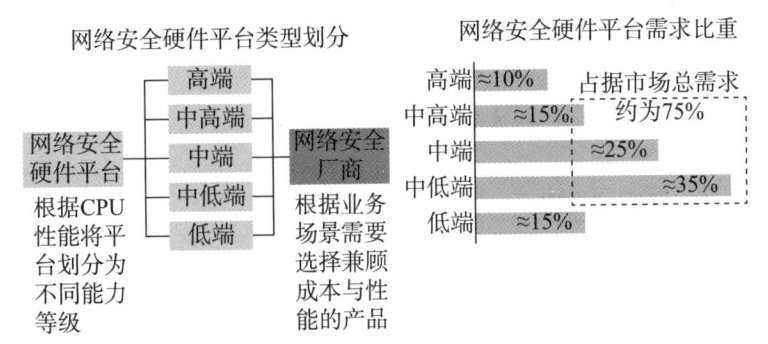

网络安全硬件平台类型划分

网络安全硬件平台（根据CPU性能将平台划分为不同能力等级）：
- 高端
- 中高端
- 中端
- 中低端
- 低端

网络安全厂商：根据业务场景需要选择兼顾成本与性能的产品。

网络安全硬件平台需求比重

- 高端 ≈10%
- 中高端 ≈15%
- 中端 ≈25%
- 中低端 ≈35%
- 低端 ≈15%

占据市场总需求约为75%（中高端、中端、中低端）

安全软件厂商根据业务场景的具体需求，选择兼顾成本与性能的产品。

艾瑞咨询的市场调研显示，由于下游网络安全软件厂商的客户以党政、事业单位、重点行业为主，因此其对网络安全硬件平台的需求主要集中在泛中端（中低端、中端、中高端）领域，约占据市场总需求的75%。

创立之初，乐研靠着低端产品活了下来，但这个市场只有15%的容量，并不是行业的主战场。乐研很快放弃了低端市场，这个市场目前主要是一些深圳地区的中小厂商在提供产品和服务。

而几乎是在进军中高端的同一时期，积蓄了一定财力的乐研，也开始重视团队信息化能力的建设，这不仅能为团队后期发展壮大提前打好高效管理的基础，更重要的是可以推进供应链管理能力的升级。

随着规模的扩大和客户的增多，乐研需要更多的产品和方案来应对，而这就意味着指数级增长的供应链规模和难度。因此，在2016年左右，乐研的企业信息化建设开始提上日程。

企业信息化建设

"当市场交易成本高于企业内部管理协调成本时,企业便产生了;当市场交易的边际成本等于企业内部管理协调的边际成本时,就是企业规模扩张的界限。"著名经济学家科斯(Ronald H.Coase)在《企业的本质》中提出了著名的"交易成本理论"。

换句话说,当市场交易成本高于企业内部协调成本时则有利可图,由此产生了企业;而当两个边际成本相等时,企业就丧失了竞争力,因为无利可图就失去了可持续发展的动力,那就是企业规模扩张的界限。科斯因此获得1991年的诺贝尔经济学奖,他的这一论著是20世纪被引用最多的经济学著作之一。

同样,企业的制度安排,让公司内部的边际交易成本要低于每个个体与外部市场进行交换的边际交易成本,因此企业存在就有了价值。但企业内人与人之间的协作存在摩擦,因此需要管理,而管理就存在管理成本,并且随着组织规模的扩张,企业的管理成本会加速提升。当企业内部的边际管理成本等于外部市场的边际交易成本时,企业规模的扩张就达到了尽头。

相比过去靠纸笔和算盘等传统工具记录、传递和计算信息,现代的企业规模要比前IT信息化时代大得多,动辄就是几万人甚至几十万人的规模。其中 IT 技术带来的企业信息化系统工具功不可没，其中的代表就是 ERP、CRM、OA 等企业办公软件。

20 世纪 90 年代初，随着个人电脑开始在大陆普及，一些大型企业为了学习国外的先进管理经验，纷纷开始采购国外的企业办公软件，开启企业的信息化建设。到了 90 年代中期，随着中国大陆全功能接入国际互联网，大陆企业的信息化建设开始加速，SAP、Oracle 等国际企业办公软件龙头进入大陆市场，并先后帮助华为、联想等头部企业成功部署了 ERP 系统。同时期帮助企业完成信息化建设的本土管理咨询公司开始大量出现。

在很多对华为历史的拆解中，都把在 1995 年后开始的以企业信息化为载体的企业管理改革视为华为脱胎换骨的关键节点。

任正非曾反思道，"企业缩小规模就会失去竞争力；扩大规模，不能有效管理，又面临死亡，管理是内部因素，是可以努力的。规模小，面对的都是外部因素，是难以以人的意志为转移的，它必然扛不住风暴。因此，我们只有加强管理与服务，在这条不归路上，才有生存的基础。这就是华为要走规模化、搞活内部动力机制、加强管理与服务的战略出发点。"

为此，华为从 Oracle 和 SAP 引进了两套先进的 MRP II（企业制造资源计划，ERP 的前身）管理系统。而后华为又花费了当年全部的利润 20 亿元用作咨询费，邀请 IBM 提供管理咨询和信息化能力建设服务。

但管理上的蜕变必然是痛苦的，要把过去陈旧落后的管理体系一点点打掉，切换成完全现代化的管理体系，几乎等同于挫骨重塑。因此，当时华为内部的反对声音是巨大的，任正非只能多次开全体高管大会强调,"谁不好好学谁就下岗",并提出了削足适履的要求,即"引进要先僵化、后优化,还要注意固化。在当前两三年之内以理解消化为主,两三年后,允许有适当的改进"。

正是在这样的强力推动下,华为前后花费了 10 年时间才完成管理体系变革,但成果是华为的内部管理、技术创新、成果转化等能力实现了突飞猛进,从当初的作坊式企业变成能与国外跨国企业抗衡的一流科技创新企业,打败了阿朗、北电、摩托罗拉,成为与爱立信和诺基亚、西门子三分天下的全球通信巨头。在这场变革中,华为成为 ERP 等管理系统进入大陆的标杆。

有华为这样成功的标杆,2000 年后大陆企业开启了企业信息化建设的浪潮,用友、金蝶等国产企业办公软件厂商也借此发展壮大。

推进企业信息化的益处显而易见——它是促进企业管理创新和各项管理工作升级的重要突破口。企业信息化不只是计算机硬件本身,更为重要的是与管理的有机结合。即在信息化过程中引进的不仅是信息技术,而更多的是通过转变传统的管理观念,把先进的管理理念、管理制度和方法引入管理流程,进行管理创新。以此建立良好的管理规范和管理流程,构建扎实的企业管理基础,实行科学管理,从而提高了企业的整体管理水平。

完备的信息是经营决策的基础。信息技术改变了企业获取信息、收集信息和传递信息的方式,使管理者对企业内部和外部信息的掌握更加完备、及时和准确。另外,各种决策工具如专家系统、决策支持系统等的应用,极大地增强了决策者的信息处理能力和方案评价选择能力,充分减少了决策过程中的不确定性、随意性和主观性,增强了决策的理性、科学性及快速反应，提高了决策的效益和效率。

但早期推进企业信息化建设的多是一些大企业，因为企业信息系统的售价很高，动辄百万元甚至千万元，而且企业信息化系统的部署也很贵，并且周期长。一般的中小企业没有能力也没有决心部署。

结果就是，同一行业内最早并成功部署信息化系统的企业，相比同行瞬间取得压倒性的效率优势，包括组织管理、内外部资源管理、客户管理等方面能力提升带来的降本增效。而这样的优势会巩固为更大的规模优势，不断和同行拉开差距。

进入2016年后，一方面，乐研已经在中高端市场站稳了脚跟，在可预见的将来大概率会开启规模快速扩张的发展之路，因此企业有了事前提升管理效率的诉求；另一方面，周玲当时模糊感觉到行业即将开启大变革，只有真正有实力的公司才能应对变化，生存下来。

而从分散到集中的快速市场格局变化中，不仅考验企业的产品及业务等商业运营能力，更要考验企业的组织管理能力。就像《企业的本质》里讲明的，高水平的管理能力才是企业存在的根本。

于是，周玲决定在乐研内部推进企业信息化能力建设。但这样的决策却遭到了团队内很多人的反对。

首先，当时乐研已经在行业中具备了一定的地位，但作为一家以智力成果为主的科技公司，团队的规模并不大，只有几十人，而像生产这样耗费人力的部门当时主流的做法都是外包。因为团队规模小，所以很多团队成员不赞成上线企业信息化系统，担心僵化流程的办公系统会打破过去小团队高效灵活的协作模式，也担心这样会提升大家的沟通成本。

其次，虽然当时乐研靠着中高端产品利润大涨，但是部署信息化系统是一件非常耗费财力的投资，很多团队成员认为那个阶段的乐研不应该花这笔"冤枉钱"，而应该趁着市场大好和乐研刚刚获得的势能，把钱更多花到新产品研发和市场拓展上，从而占领更多的市场份额。

最后，信息化系统的部署，其实存在不小的失败概率。就像华为转型故事里描述的那样，企业要想实现信息化改造，不光是部署一些软件，而是要改变很多制度、让很多人改变过去形成的作业习惯、甚至让很多人放弃一些既得利益，这必然会遭到反噬，存在部署失败的可能。因此很多团队成员担心，部署一旦失败，不仅乐研花了冤枉钱，而且组织有可能遭遇重创。

对于公司创建者或CEO而言，最重要的一条管理经验就是绝对要保持理性。周玲当时异常冷静，他对变革的笃定就像1995年的任正非。在周玲看来，小团队的灵活协作只是团队成员的一厢情愿，因为按照乐研当时的发展情况，团队规模发展壮大是迟早的事，而一旦团队变大，原本的团队成员各领一方团队，原本小团队之间的灵活协作也会随之消失。这就是规模变大必然的宿命。因此与其等到团队大了难以变革，还不如趁着组织尚小抓紧时间窗口进行改造，趁早搭建符合下一个阶段的组织能力。

在那个时点，毫不犹豫地在信息能力建设上投入才是最经济划算的。因为当时乐研财务情况和企业经营情况最好，正是趁着晴天修屋顶的好时候。在最没有危机的宽松状态下，尽快补齐组织存在的管理短板，将习惯固化成的不成体系的管理制度，切换成被无数成功企业检验过的体系化先进管理制度，是乐研当时最该做的事。

第三部分　布局篇：布局之中找突破（2016—2020年）

如果闭着眼在业绩扩张的路上狂奔，反而有可能为乐研的未来发展埋下隐患。一旦市场环境变得恶劣，再加上组织因为规模变大暴露出各种管理问题，那才是企业最危险的境遇，也是很多曾经辉煌一时的企业最终倒下的原因。

至于最后一点——担心信息化系统部署失败，组织遭遇重创，周玲对此异常冷静。在周玲看来，既然组织规模壮大是迟早的事，而且一旦规模壮大而管理没能跟上，组织同样会遭遇重创，到时可能会更难翻身。既然缩头是一刀，伸头也是一刀，还不如像华为一样勇敢面对，用不断进化解决发展过程中所有的问题。

基于这样的考虑和管理团队之间的多次沟通，周玲与其团队形成共识，2016年开始推进乐研的信息化能力建设，前后花费了百万元的成本，并花费了大量时间和团队磨合，最终完成了ERP、CRM、OA等信息系统的部署，实现了团队组织管理、作业流程、协作流程等的重塑。

事实上，信息化建设可以提高中小企业对市场的把握能力，乐研信息化能力建设的收益也是非常明显的。以供应链管理为例，乐研后期远超同行的交付能力，就有赖于信息化系统对供应链管理能力的提升。

前文在阐释网络安全产业的行业特性时介绍过，作为安全硬件平台，其上下游都非常分散，下游企业客户的需求总是充满个性化，每次方案交付都需要一定的定制服务；而上游元器件供应也非常分散，不仅种类多，而且每个种类下都有不同的品牌、系列、型号等。因此，硬件平台厂商的产品线就需要足够丰富，而上游的供应链管理更是一个巨大难题。

随着乐研切入更大的市场，签约更多的客户，其产品线也就随之线性增长，而其所需要的元器件更是指数级增长。作为一个现代化企业，不可能等所有零部件都配齐才开门做生意，而是要在动态变化中保证供应链的持续流动和稳定运行。而这就需要企业对需求能够进行一定程度的精准预测，然后反向超前配置所需的零部件。

要拥有对下游的预测能力和对上游的信息同步能力，就需要企业具备极强的信息及时反馈、纠正、调度的能力，而这是无法靠纸笔记录、人力计算和传达完成的。及早布局信息化系统，就能有效帮助乐研具备这样的预测、调度和控制的能力。

从 45 天急速拿下天融信的中高端硬件平台采购订单开始，乐研相对同行的供应链管理及交付效率能力就在不断拉开差距。以至于目前阶段，对于从方案设计到产品交付的大部分的需求，乐研都能在两周内搞定；而同行普遍需要 8～12 周。

握住创新的密码

"创新理论"的鼻祖——约瑟夫·熊彼特（Joseph Alois Schumpeter）在 1912 年出版的《经济发展理论》一书中首次使用了"创新理论"这一经济分析框架来解释经济发展。他将创新的本质阐释为"生产要素的重新组合"，即把一种从来没有的关于生产要素和生产条件的"新组合"引进生产体系中去，以实现对生产要素或生产条件的"新组合"就是创新。

现实世界中企业的创新，几乎就是这样发生的。企业把不同的生产要素相互组合形成新的产品或服务推向市场,如果市场反响好就是成功的创新,市场反响冷淡就是失败的创新。而所谓的颠覆式创新,要么是发明了全新的技术,替代了原来的核心技术,完成了新的组合;要么就是发现了一种完全不同的要素组合模式,实现了效率或品质的极大提升。而所谓的渐进式创新无非就是在原来的组合基础之上,不断替换不同的非核心要素,以尝试推出更具成效的新组合。

而一家企业如果想要创新持续发生,就需要掌握足够多种类的要素,这样才有不断排列组合的可能。对于一些小企业而言,除非是一上来就掌握了核心技术的关键突破,否则在原来的价值网络内玩排列组合就很难成功,因为小企业掌握的资源太少,能排列出来的新组合要比大企业少得多。

2016年后的乐研,一方面进入了中高端市场,另一方面完成信息化能力建设,当时已经具备了推动创新持续发生的能力。而且乐研当时具备一项几乎所有同行都不具备的资源优势,那就是在国产化方面的研发经验积累,以及和上游芯片企业之间稳固的合作关系。

从中低端到中高端都有产品方案,X86、ARM和国产芯片架构都有研发经验,这些不同的方案和路线,乐研都创新出比同行多出一个数量级的新组合。"当我们想到了A方案立马就会思考B方案,当准备推B方案的那一刻C方案便开始酝酿,而C方案推出那一刻我们马上又会想到D方案,甚至ABCD一起想出来并同时做。所以我们很多客户也好奇我们到底还有多少新东西,但这是我们的底牌,从来不会告诉外界。"周玲得意地说道。

过去通行的做法是,安全硬件平台的所有芯片几乎都得是同一架构下的，比如 CPU 用的都是英特尔的，网络芯片也得用其他 X86 架构的。但是 2021 年芯片荒，国外的网络芯片价格暴涨，很多下游硬件厂商无芯片可用。而乐研则直接绕过了这个限制，将 X86 的 CPU 和国产化的网络芯片放在一款安全硬件平台上，并实现了顺利运行。结果乐研将 X86 与国产化混搭的方案大卖。

同行想模仿乐研，却发现根本没法模仿。且不说在国产化上没有积累，因为他们擅长 X86 架构，而国产芯片采取的都是非 X86 架构，龙芯更是在 2020 年研发出了完全自主知识产权的龙芯架构（LoongArch，包括基础架构部分和向量指令、虚拟化、二进制翻译等扩展部分，近 2000 条指令），和 X86 完全是两条技术路径。更重要的是国产芯片也产能有限，差不多都得提前 60 周下订单，而乐研基于与国产芯片厂商良好的合作关系，远期订单已经排到了 2024 年。

因此，这一波国产混搭英特尔的安全硬件平台创新机会，最终只有乐研能吃到红利。其他竞争对手如果苦等国产芯片供货，则会直接丧失所有的机会。

2020 年，ARM 架构在网络安全领域卷土重来。长期以来，X86 架构占据数据中心服务器市场的主流，市场占有率达到 90% 以上。ARM 架构虽说从 2008 年开始便计划进入服务器芯片市场，但由于当时在服务器生态上的孱弱，不少芯片厂商投入数年后便纷纷放弃该赛道，ARM 架构始终未能撼动 X86 架构的霸主地位。

但随着云计算需求变革以及 ARM 体系性能和生态环境提升，一众高手纷纷加盟，开始逐渐转向采用 ARM 架构。2020 年 11 月，苹果公司发布了基于 ARM 架构自研的 M1 芯片。搭载 M1 芯片的 Mac 电脑比 X86 笔记本的待机时间更长，能效比更高。10W 的功耗限制下，M1 芯片可提供传统 X86 笔记本处理器两倍以上的 CPU 性能。

这带动了云端采用 ARM 架构服务器比例的增加，基于 ARM 架构的服务器芯片阵营掀起新一轮的"突围"。

但也要注意的是，ARM 这条路径并不容易。一方面，开发 ARM 架构的安全硬件难关重重，不止设计复杂，对性能、功耗要求极高，这无疑是一场重投入、长周期的战役。而且，开发之后能否批量销售、客户用起来不出问题等更是无形的挑战。另一方面，显然也不能忽视 X86 架构护城河的力量。

由于乐研起家靠的就是当时还没有火的 ARM 架构差异化产品，而且乐研也一直未完全放弃 ARM 架构的研发经验。因此 ARM 架构芯片在网络安全领域卷土重来，乐研又是国内第一个吃螃蟹的。2020 年乐研基于 ARM 架构的下一代防火墙硬件平台 RIS-1020 和 RIS-1021 应运而生。

RIS-1020 和 RIS-1021 硬件平台具备高密度端口、大容量本地存储、高性价比等特点和优势，通过加载客户安全软件可以实现网络透明化、攻击防御和状态检测等多种安全功能，适配下一代防火墙的发展趋势。而乐研在 ARM 架构上勇于创新，再一次享受到了先发优势的红利。

2020 年，乐研基于 ARM 架构为奇安信设计的安全硬件方案，效果出奇得好，使得奇安信在面对终端企业用户时取得了巨大的市场优势。

为了平衡其他下游客户的诉求，乐研再一次玩起了排列组合，通过把 X86 架构的 CPU 与 ARM 架构的网络芯片嫁接，又开发出新的硬件方案，并快速申请了专利。"现在市面上同行们如果想要做同样的东西，说实在话，都躲不过我们的专利。"周玲得意地说道。

由于2016年后乐研在创新上一骑绝尘，很多同行都惊讶于其是如何默默无闻地建立起如此宽的护城河的。要知道2015年之前乐研还只是一个中低端市场的玩家，而2010年之前乐研更是在艰难求生的阶段。特别是统治了国内安全硬件市场十几年的台资厂商，更对乐研的崛起感到纳闷。

在周玲看来，乐研的优势主要来自于三个方面：第一，乐研有极强的产品定义能力，而这源于十几年的潜心研发积累以及对客户需求的深度洞察；第二，乐研自创立起就对供应链战略认知很深，并不断布局，而其中对于国产化的超前布局更是乐研弯道超车的关键所在；第三，才是乐研的创新能力，而这样的创新能力，完全是基于前两点才能发挥作用，同时，这种创新能力，可以帮助乐研在面对客户时，给出超过行业通用能力的硬件方案。这同样也对乐研的供应链带来了极大考验。

总结下来，就是乐研在2015年后开始布局，最终为自己建立起了一套增强回路——研发能力沉淀大量创新要素，供应链布局让交付效率和稳定性成倍提升，而基于以上的大量组合式创新又加强了乐研对市场的理解以及对供应链能力的升级。

而乐研的布局最终能实现巨大突破，最为核心的还是国产化大潮的到来。但在大潮真的出现之前，绝大部分的人都想不到它真的会发生。

ar
第七章

推动国产化起飞

国产化加速

2018 年年中的一个午后,周玲接到一个朋友的电话,说一位投资人想到乐研办公室和他聊聊,问周玲是否方便。当时周玲比较诧异,因为此前乐研并没有融资计划,也没接触过投资机构。但碍于朋友的面子,以及为未来布局的打算,周玲觉得接触一下投资圈的人也不是什么坏事。

2018 年的乐研总部,位于北京高科技产业园——中关村生命科学院内

隔天上午,周玲接待了投资方的一行三人,领头的中年男士是该机构的合伙人。在和对方交流的过程中,周玲聊到了国产化的问题,并判

断国产化的浪潮马上就会到来，而且乐研已经在大规模开发国产化的安全平台。对方听到周玲的判断和乐研的战略动作非常吃惊，因为当时外界看来，IT产业的国产化进程貌似还遥遥无期。

虽然投资人对周玲在国产化进程上的判断比较诧异，但这也正是他们此行的原因。就在前不久，一件全面影响国内信创产业国产化进程的大事发生了，他们急需知道业内人士对此如何判断。而周玲的判断对他们来说，似乎是太过乐观的看法。但他们没想到周玲的判断并非过于乐观，事情此后的发展就像周玲提前得到了剧本一样最终一一实现。

让投资圈的人也开始关注信创产业国产化的大事，就是2018年4月16日，美国对中兴通讯发起的全面制裁事件。当晚，美国商务部发布公告称，美国政府在未来7年内将全面禁止中兴通讯向美国企业购买敏感产品。

其实在此之前的2016年3月7日，美国商务部就已经对中兴通讯实施出口限制措施，导致中兴通讯暂时停牌交易。禁运事件爆发后，在双方政府协调下，美国商务部给中兴通讯颁布了临时许可证，从而保证中兴通讯可以正常采购美国元器件和软件。

虽然此后中兴为了企业能正常运行，同意接受美国单方面做出的处罚，并支付了11.9亿美元的罚款，并不断向美国政府相关部门和监察官报告美国指控相关情况，希望能缓和双方的矛盾。但美国对中兴的制裁仍不断趋严，并于2018年4月15日由美国国家网络安全中心发出新建议，警告电信行业不要使用中兴的设备和服务。

而时隔一天就爆发了美国对中兴的全面制裁事件。此举使得中兴通讯无法采购美国供应商的零部件，中兴通讯立刻陷入了停摆。中兴通讯随后发布公告称，受拒绝令影响，公司主要经营活动已无法进行。

为了保护本国通信企业在美发展权益，帮助中兴通讯渡过危机，中国政府与美国相关部门对此事件进行了多次贸易磋商。2018年5月25日，美国商务部向美国国会提出了解除对中兴通讯公司销售禁令的通报。2018年6月7日，美国商务部宣布中兴通讯及其关联公司已同意支付罚款和采取合规措施来替代美国商务部此前针对该公司向美国供应商采购零部件执行的长达7年的禁止令。为此，中兴通讯须向美国政府支付10亿美元罚款，并另行拨付4亿美元代管资金，同时在30天内更换管理层和董事会。但如果中兴通讯不履行协议内容或再次违规，美国将重启制裁，并没收托管资金。

但此事件的影响并没有就此平息，此后，美国对中国发起的贸易战和科技战不断升级，直到2019年5月16日美国对华为以及70多家中国科技企业发起了贸易制裁，中美之间的科技对抗全面升级。

此后，美国对华为的打压手段不断升级，但华为过去多年在5G为代表的技术上的研发投入和科研成果已经让华为具备了很强的反制能力，最终，华为并没有因为美国的制裁而倒下。但是华为的消费电子业务依然受到了严重的影响。虽然华为在芯片设计上已经达到了世界一流水平，足以和高通、三星掰手腕，但是芯片制造的核心技术及相关设备却卡在美国手中，导致华为无芯可用，手机业务遭遇重挫。

经历了前前后后多次制裁，国产科技企业终于被敲醒了：自主研发才是出路。华为被制裁之后的那几年，其他国产企业也终于苏醒了。在不断的科技对抗中，国内从政府到企业都对核心技术自主可控的重要性有了更加深入的理解。

被美制裁的众多领域中，信创产业作为国民经济基础的地位，陡然凸显出来。但信创产业由于产业链极其复杂，覆盖了软硬件基础设施、应用软件甚至是信息及网络安全技术，不仅承载着传统的业务系统，更是5G、大数据、云计算、物联网等新一代信息技术发展演进的底层逻辑框架，是整个信息行业的底层基石，更是众多其他行业发展的基础，因此，信创产业的自主、安全、可靠，不仅事关产业发展命脉，还事关国民经济的健康发展。

随着数实融合不断深入，数字化不仅融入到消费互联网，深入到所有人的生活，还在以工业互联网、产业互联网为核心，持续融入工业、产业链，提升产业效率。而这也对网络安全提出了更多考验。正如2018年4月20日习近平总书记在全国网络安全和信息化工作会议上指出的："没有网络安全就没有国家安全，就没有经济社会稳定运行，广大人民群众利益也难以得到保障。"

2019—2021 年中国网络安全领域设备相关政策汇总

时间	发布机构	政策名称	内容摘要
2021.7	工信部	《网络安全产业高质量发展三年行动计划（2021-2023年）》	引导国家制造业转型升级基金等政府引导基金向**网络安全新技术、新模式以及融合创新领域倾斜，加快传统安全产品升级**
2021.4	国务院	《关键信息基础设施安全保护条例》	对公共通信、能源、交通等重要行业和领域的**网络设施、信息系统**实施安全保护和监督管理
2021.3	国务院	《中华人民共和国国民经济和社会发展第十四个五年规划和2035年远景目标纲要》	**全面加强网络安全保障体系和能力建设**，切实维护新型领域安全，从基础设施、国际合作等多方面培育壮大网络安全等新兴数字产业
2020.11	工信部	《2020年网络安全技术应用试点示范公示名单》	公示170多个**新型信息基础设施安全类、网络安全公共服务类和网络安全"高精尖"**技术创新平台项目
2020.10	工信部	《"工业互联网+安全生产"行动计划（2021-2023年）》	建设**"工业互联网+安全生产"新型基础设施**，提升安全生产管理能力，形成"两个平台、一个中心"的体系
2020.4	工信部	《关于工业大数据发展的指导意见》	**加强工业数据安全产品研发，加快培养安全骨干企业**，形成良好产业生态
2019.9	工信部	《关于促进网络安全产业发展的指导意见》	**打造网络安全产业生态**，鼓励企业、研究机构、高校、行业组织等积极参与制定网络安全相关国家标准、行业标准
2019.8	工信部	《加强工业互联网安全工作的指导意见》	制定设备、平台、数据等至少20项亟需的工业互联网安全标准，探索构建工业互联网安全评估体系

来源：互联网公开资料整理，艾瑞咨询研究院自主研究及绘制。

2019年后，相关政策也不断出台，旨在推动网络安全硬件平台行业标准化、规范化、国产化发展。维护网络安全、助力国产化发展，一直是乐研科技努力的方向。而乐研也将在这场国产化浪潮中，实现对原有产业格局的突破。

国产化布局

2017年，乐研已经在网络安全平台传统中高端市场完全站稳脚跟，周玲此时也感受到了国产化势能在发展，于是决定全力投入国产化产品条线研发。为了扩充产研团队，周玲决定力邀之前的老将回归乐研。

乐研创立之初，陈先良曾是乐研的研发负责人，后离开公司独立创业。在网络安全领域，陈先良的技术积淀深厚，因此周玲一直希望其能回归乐研，全力推进乐研在国产化条线上的研发进程。"我当时的承诺是要拿出1000万元资金支持国产化，不做投入产出考量，就算最终赔光了也无所谓。"周玲诉说着当时在国产化上的决心。

2018年3月，陈先良归来，出任乐研科技研发副总。乐研的国产化研发布局，也正式开启加速进程。"外界以为我们只联合龙芯做产品研发，其实针对兆芯、飞腾、网迅等的芯片我们也在推进国产化网络安全平台研发。"周玲说道。

其实从2016年开始，国产化芯片的研发就已经开始加速。龙芯于2016年推出了3A2000 / 3B2000系列，而距离推出3A1000 / 3B1000系列已经过去了4年，而前者的性能也提升了2.5倍左右。此后，龙芯几乎是一年完成一次迭代，接连推出了 3A3000／3B3000 系列、3A4000／3B4000 系列、3A5000／3B5000 系列，并且每一代都比前一代性能提升 2 倍左右。

基于后发优势，龙芯的迭代速度已经超过了摩尔定律描述的 18 个月。而国外的芯片研发速度则在 2015 年后大幅度放缓，业内很多人士都在预言摩尔定律正在失效。一方面是国产芯片研发的一路狂飙，另一方面是国外芯片制程升级速度在放缓，因此国产芯片正在经历从"能用"向"好用"转变的临界点，而其性价比也在迅速提升。

由于乐研是最早一批将国产化芯片应用于硬件产品研发的厂商之一，在网络安全领域更是独一份，因此周玲要比同行更早地察觉到这个转变即将发生。

到了 2020 年，在消费电子产品市场，华为麒麟 9000 系列发布，已经达到了 5nm 制程，足以和当时的骁龙、三星顶配芯片一较高下。因此美国对华为的制裁升级到了最严厉的等级，只要是用到美国技术、芯片的生产设备的公司都不得向麒麟芯片提供代加工服务。中国逐梦芯片的征程阶段性遇到了瓶颈。

而在服务器芯片战场，龙芯、兆芯、飞腾等国内第一梯队芯片厂商则已经把芯片制程追到了 12nm，与英特尔的差距已经缩小到了 2 代以内，而不是 2012 年龙芯 3A1000 系列时的将近 9 代。而这对应到主要面向中后端的网络安全市场，几乎已经预示着国产化芯片已经到达了"好用"水平。

2018 年，乐研针对飞腾、兆芯的芯片在网络安全领域率先推出了解决方案。至此，乐研产品全面覆盖了龙芯、兆芯、飞腾这三大国产芯片厂商，成为了网络安全硬件领域国产化覆盖最全的企业。此后，乐研又相继和中科海光、申威、网迅等十几家国产芯片厂商建立了合作关系。

因为在与龙芯合作中积累的国产化芯片适配经验以及良好口碑，大部分的国产厂商都把乐研当作了在网络安全领域的核心合作商。"在网络安全领域，我们几乎是龙芯、兆芯、飞腾、网迅等绝大部分国产厂商的第一大客户，而下游的网络安全软件厂商想要国产化过渡，从产品成熟度和供应链稳定性上考虑，也都首选我们。"周玲分析当前的产业格局。

2019 年 5 月，当美国政府对华为展开了制裁，当时悬在中国人心中的靴子算是落了地，虽然结果不是我们希望的，但在此之前各界都已经在猜测，继中兴制裁后，美国是否会对华为下手。而一旦展开对华为的制裁，也就预示着美国决心对华全面进行技术封锁。

而在此之前的 3 月份，中国政府已经开始做准备，因为中兴制裁带来的中兴直接经营停摆的教训，已经让中国各界充分意识到了核心硬件技术卡脖子的窒息感。而中国政府的应对方法之一就是，网络安全领域要尽快推进国产化切换，特别是硬件领域的切换。

一方面是中国政府主动未雨绸缪，另一方面，外部环境也不断恶化。华为被列入贸易管制黑名单后，美国禁止华为及其附属公司与美国企业进行业务往来，随后谷歌就停止了 GMS 框架服务，多家芯片公司进行断供，这直接使得华为手机在海外无法使用。2020 年，美国对华为的制裁内容全部升级，这一次他们修改了芯片规则，只有经美国政府许可后，相关技术厂商才能向华为提供芯片设计和生产。这使得台积电、三星、中芯国际都无法为华为制造芯片。

但严峻的环境对国产供应链的崛起也是一种机遇，国产替代即将迎来最好的时代。据周玲形容，当时乐研的门槛都会被下游的软件厂商客户踏破了，甚至很多客户都"三顾茅庐"，持续上门拜访，要的就是乐研尽快帮助他们完成国产化软硬件的适配和供货。而这样的能力当时只有乐研具备，因为其他硬件厂商大部分根本没有国产化硬件研发的技术沉淀，想要重新开始最少需要一年时间。

而有的下游安全软件厂商为了绕开乐研，直接找到芯片厂商谈合作，希望芯片厂商向他们直接供货，他们再找别的安全硬件厂商完成安全平台的研发。但在网络安全领域，芯片厂商与乐研不仅在技术合作上形成了良好的体系，还在战略层面，形成了充分的战略互信，共同建立了属于中国网络安全领域的安全平台标准。

芯片厂商之所以这么信任乐研，除了多年来共患难的交情外，更重要的就是乐研真的在帮助芯片厂商解决国产芯片在实际应用中暴露出来的各种现实问题，其中最重要的就是芯片在硬件平台上跑业务逻辑时，出现的各种问题。而不问是谁的责任，先全力帮助国产芯片解决各种问题，也是乐研在国产化中最重要的一步战略布局。

疯狂解 bug

在国产化浪潮中，国产芯片的主流化进程既有技术积累到一定水平的水到渠成，也有政策助力带来的市场加速切换。而在国产芯片还未在各行业应用中充分落地运行的情况下，大量出现问题几乎就是必然的事。

但问题产生后往往不能靠单一环节就能解决，特别是芯片本身的工艺造成的问题，只有上下游多方联手才能共同解决问题。为此乐研牵头在业内形成了一个小联盟，被形容为"1+3+N"。

其中的"1"就是乐研自己。因为乐研是安全硬件平台，发挥着承上启下的作用，所有上下游的问题都得汇聚于此才能解决，于是乐研通过居中调度，把能解决某个问题的相关方聚到一块。

"3"分别是各个国产芯片厂商、操作系统厂商和BIOS（基本输入输出系统）厂商，因为它们三方是上游最重要的核心电子元器件和基础软件供应商。有的芯片问题，可能通过操作系统的一些调整就能规避，这样就能把问题在乐研这一层解决掉。

而"N"则是下游的各大安全软件厂商，比如奇安信、天融信、启明星辰等，因为它们才是最后向客户交付的主体，也是所有问题汇聚的收口。"比如奇安信发现了电源时钟有问题，天融信发现了网络芯片有问题等，都统一汇报到我这，我们找来上游的飞腾等一块来调试，想办法把问题解决掉。"周玲解释。

在周玲看来，"1+3+N"联盟是目前解决国产芯片bug最有效的方式，因为这个联盟能汇聚市面上绝大多数类型的问题，而遇到并解决的问题足够多，才能最终推出问题尽量少的解决方案。反观一个新进入国产化赛道的硬件厂商，不仅体量小，而且是单打独斗，做出来的产品很难保证稳定性。另外即使通过运行发现问题，也很难独立测试出问题所在，而无法定义问题的源头，就根本无法解决问题。

这其实就是价值网络的意义，因为上下游彼此是协同发展的，无法进入网络的新玩家连陪跑的资格都很难获得。在传统网络安全市场，乐研最早就是网络外的角色，只能通过一点点地差异化策略寻找生机。而国产化对于传统网络安全市场而言，几乎就是一场价值网络的切换，而乐研此时进入了新价值网络的核心。

面对新价值网络的切换，原本是传统价值网络中既得利益的外资厂商就会"很受伤"，而针对国产化也有很多负面声音出现，在周玲看来主要是两种：一种是极力唱衰的，认为国产化没有前途；另一种是说风凉话的，看到国产化方案出现问题，就说国产化当前技术水平还是不行。

其实像乐研这种身处其中的厂商，对解决问题是痛并快乐着，因为这代表着国产化产业链正在从成长快速走向成熟。"在解决问题的过程中，联盟内的参与方不会泾渭分明划分责任归属，都是把联盟视为一个整体，不管谁出的问题都是共同出力想办法解决。因为大家都知道想要让产业链快速走向成熟，不是单打独斗能实现的，是需要共同努力解决问题才能完成的。"周玲说道。

接下来就让我们看看乐研都是如何解决问题的。

2019年乐研利用神州的一款芯片为某个大客户的多条产品线做国产化升级，但最终运行测试时，其中只有一条产品线一直出现问题，其他产品线则都顺畅运行。经过排查，乐研发现其配套的软硬件版本太老，导致国产芯片一直无法跑通。

面对这种情况，乐研要做的第一步就是帮助客户升级操作系统，增加新的驱动程序、增加进程的前置判定机制等，希望在软件层面绕过导致问题产生的进程节点。但问题仍然没有完全解决，在某些情况下进程还是会被卡死在某个节点。

此时,乐研只能尝试第二步,就是在硬件层面寻求备选方案。为此乐研为国产的芯片配备了一个国外芯片的备份,相当于为产品线增加一条冗余的通道。如果国产芯片在跑某些进程出现卡点时,就自动切换到国外芯片跑,但大部分进程仍是以国产芯片为主。"核心原则还是不能让系统就卡死在那,这也是升级过程中无奈的折中方案。"周玲解释道。

但最让周玲头疼的是出现系统级的问题,因为这不是单一模块出了问题而造成的,而是整个系统的适配率、兼容性等方面没有平衡好造成的,不只是解决一个环节的问题就可以的。对于这种情况只能把各个环节的厂商都叫来,大量测试,层层定义问题,然后一一解决。

2021年时乐研就遇到了一个这样的系统级问题,并把芯片厂商、操作系统厂商和客户三方召集到一块,四方花了4个月时间做了大量测试,依然无法清晰指出问题所在。芯片厂商的两个副总甚至亲自驻场两个月,全力推进芯片在硬件层面的问题修正。

最初四方的打算是在硬件层面彻底解决问题,但经过反复测试和问题定义,乐研最终发现这个问题在硬件层面是无解的。经过权衡,最终的方案是让客户在安全软件层面想办法绕过这个问题,最终安全软件厂商对软件进行了逻辑修改,在一定程度上规避了这个问题。

在不断解决问题的过程中,乐研总结出了大量经验,在遇到什么类型的问题时可以在哪个层面定义问题,以及可以用什么方案或解决或规避掉问题。在周玲看来,2019年至2021年是乐研最痛苦的3年。"那时候几乎每天都在解决各种问题,好在都一一挺过来了。我们一直非常严谨,思路清晰,能解决的尽量解决,不能解决的也要想办法规避,因此和供应商、客户建立了很强的信任关系。"

而就是在这样不断面对问题，定义问题，然后从软件层面、硬件层面、供应商层面、客户层面等各个角度寻找解决方案的过程中，一方面乐研得到了大量经验并收获了大量上下游的信任；另一方面则是向国产芯片厂商输送了大量真实的反馈，帮助国产芯片能更快速和更有针对性地推动技术迭代。

网络安全领域这种自发形成的技术与商业互助的内循环，几乎就是国产信创产业的一个缩影——2016年开始的布局，已经慢慢突破了西方建立的传统价值网络，从最初各个环节、各个内地厂商的单点技术自研，逐渐形成合作攻坚的共创生态，而这才是国产信创产业实现核心技术自主可控以及顺应"双循环"发展战略的正确路径。

而走上正确发展路径的国内网络安全产业，也在迈入2021年后，从曾经的跟随者向控局者升级。

第四部分

控局篇：

控局之中自驱动（2021—2022年）

伴随国产化在2020年后加速发展，国产新品种类、能力、应用日渐广泛，网络安全硬件平台厂商对国产化产品的支持和适配亦显著提升。同时，随着国产化安全产品在重点行业的利用率提升，网络安全硬件平台厂商需要聚焦于提升国产元器件适配能力，从而在竞争中更好地提升市场份额，进而构建更坚实的"护城河"。

第八章

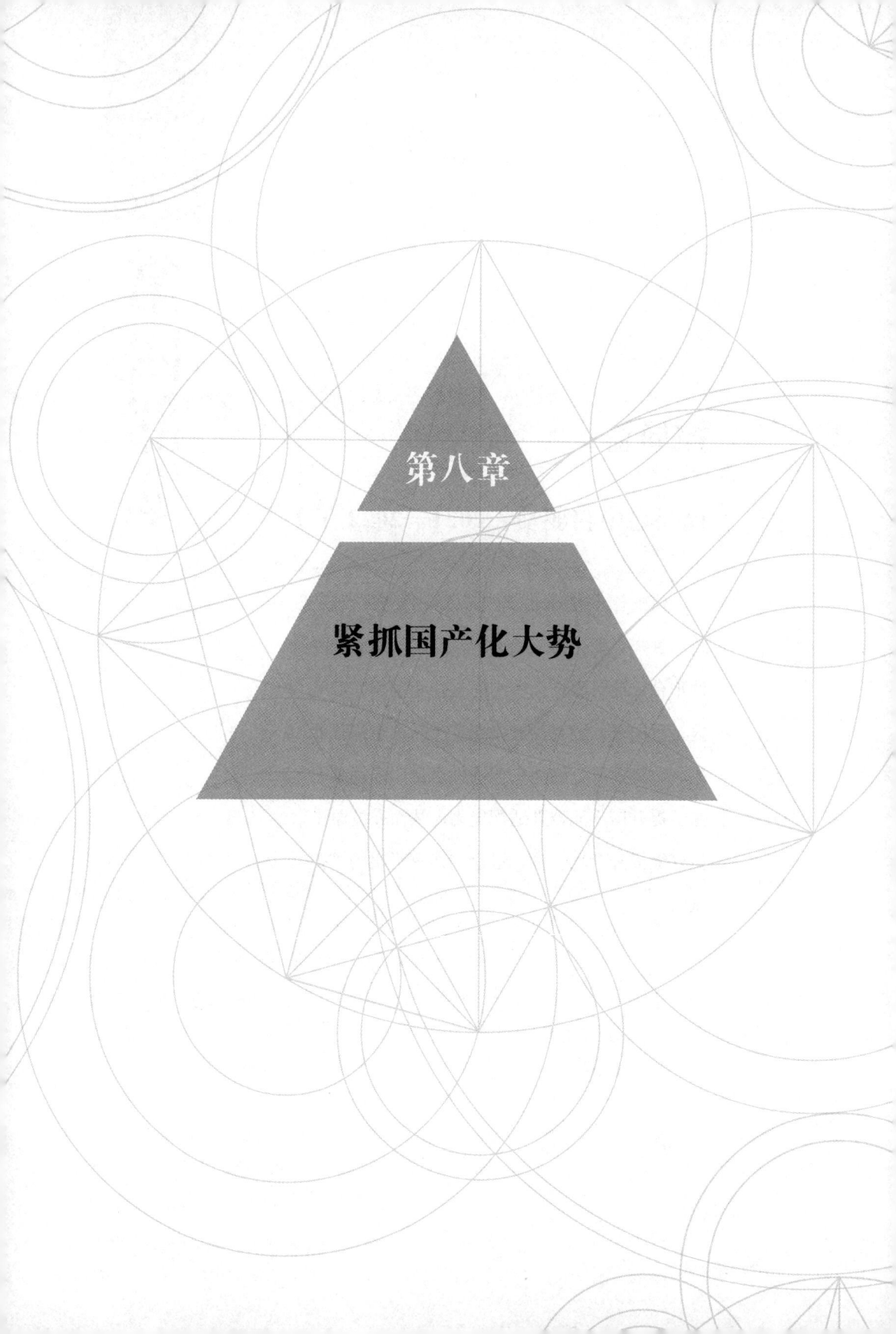

紧抓国产化大势

第四部分　控局篇：控局之中自驱动（2021—2022年）

用钱投票

2021年6月，乐研的公司账户收到了一笔钱，数额不小。这笔钱并不是哪个大客户刚给乐研结算的货款，而是一笔投资款。

此前的一个月，在签订投资协议的会议上，周玲再次见到了2018年向他请教国产化趋势的投资人，而后者所在的投资机构此刻已经是乐研的新股东之一。和三年前的诧异相比，此刻投资人对周玲关于国产化趋势的判断是心悦诚服的。

事实上，从美国制裁中兴、华为开始，中美科技对抗升级，再到核心技术自主可控相关的政策不断出台，以及信创产业的国产化加速启动，乐研在大势中跟上了节奏，这背后折射出来的，则是乐研对于大势的精准判断，以及产业自强、自立的坚定信心。

投资人对乐研的肯定，是因为2018年后信创产业的国产化浪潮确实是突然起势，然后汹涌而来。回顾过去三次信创产业浪潮，我们发现，重大历史事件往往能够倒逼信创产业加速推进，如微软"黑屏"事件、美国"棱镜门"、中兴、华为被卡脖子事件之后，政策加码往往能够自上而下驱动信创产业发展。

进入2021年后，相比贸易摩擦后的仓促应对，市场已达成了国产化的芯片、服务器、操作系统、网络安全平台、各种底层的应用软件将会成为市场主流的共识，国产化趋势更是加速推进。

2021年中国网络安全行业产品结构

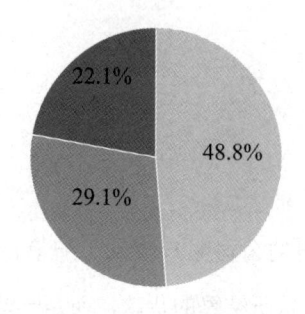

- 安全硬件产品（%）：48.8%
- 安全服务产品（%）：29.1%
- 安全软件产品（%）：22.1%

注：网络安全硬件产品是指由网络安全硬件平台和其上搭载的相关网络安全软件产品组成。网络安全软件产品则为不包含硬件在内的独立软件。网络安全服务是针对具体网络安全软硬件产品、网络安全系统或整体安全解决方案提供覆盖全生命周期的咨询、测试、运维等服务

仍以网络安全领域为例。艾瑞咨询市场调研数据显示，在网络安全领域安全硬件产品的市场规模占比最大，为48.8%。在数字经济背景下，网络安全硬件功能与产品类型日渐丰富，从传统的防火墙产品，逐步延伸为IPS、IDS、UTM等品类。

但艾瑞咨询市场调研也同时发现，相比安全软件产品和安全服务产品，安全硬件产品的国产化率是最低的，截至2020年这一数据大概只有5%。相比而言软件产品的国产化率却要高得多，几乎是100%。

其实这个现象也不难理解，因为软件产品更偏向服务业，供应链比较短，而且对市场的洞察以及快速反应能力决定成败，因此具有本土化

优势的团队更容易胜出。而硬件产品更偏向制造业，复杂的零配件供应链需要全球分工，而更早在核心技术上占据关键位置的西方厂商能直接跨国施加影响力。

其实这个现象在互联网的演变中已经被展现得淋漓尽致。纯互联网服务领域，比如搜索、电商、社交等，国内的企业几乎都打败了曾经的国外巨头。但一旦涉及到制造业相关的领域，西方的科技巨头依然能在国内市场具备很强的竞争力，比如芯片、手机等。以至于过去20年国内软件工程师的待遇要明显高于硬件工程师，大量的IT技术人才都流入了互联网及软件行业。

但互联网应用是建立在硬件基础之上的，甚至马化腾曾经在演讲中提到中兴事件时也直言，中兴事件彻底把国内的科技企业打醒了，因为过去大家都太关注互联网应用的创新，但这些都是建立在芯片、操作系统、手机终端等底层科技之上的，而后者大都掌握在西方手里，因此国内的互联网应用就像建立在沙滩上的房子，别人一推可能就倒了。因此他也呼吁，要重视基础科学的研究，重视底层核心技术的研发投入。

因此2018年后，国内的科技企业也开始大力推动硬件等底层科技能力的研发投入，到了2020年后逐渐成熟的国产化硬件则开始快速抢占市场。

据艾瑞咨询的市场调研和测算，中国整体网络安全硬件市场规模在2021年达到71.9亿元，同比增速为26.4%。受益于政策驱动、企业网络安全投入提升等利好因素影响，中国网络安全市场的增速在2020年后逐年加快，而这个加快的趋势到2026年依然不会减弱，并预测2025年后市场增速将越过40%线，进入超高增速阶段。

2017—2026年中国整体网络安全硬件平台市场规模及增速

年份	市场规模（亿元）	市场增速（%）
2017	31.7	
2018	39.0	23.1%
2019	46.5	19.3%
2020	56.9	22.2%
2021	71.9	26.4%
2022e	94.3	31.1%
2023e	124.1	31.6%
2024e	171.2	38.0%
2025e	249.0	45.4%
2026e	369.7	48.5%

从绝对值来看，2026年的市场规模将是2021年的5倍，接近370亿元。商业世界从来都是有大水才能养出大鱼，在这样的市场规模下，出现50亿元销售规模的公司将是一个大概率的事情。按照硬科技企业动辄几十、上百倍的市盈率，以及科技企业最少20%的利润率算，这是一个能孵化百亿元市值的赛道。这就不难理解投资机构为何选用钱投票。

除了看市场增长趋势和企业发展预期外，我们还要了解行业的东风是往哪个方向刮。

具体而言，网络安全硬件平台市场正出现两个分野，一个是以英特尔等美国芯片公司的基础架构为基础生长出的传统网络安全硬件平台市场，另一个则是以龙芯、兆芯、飞腾等国内芯片公司基础架构为基础生长出的国产网络安全硬件平台市场。

从艾瑞咨询的市场研究不难看出，传统网络安全硬件平台市场和国产化网络安全硬件平台市场的发展趋势正在出现剪刀差。接下来让我们先看看传统网络安全硬件平台市场的发展情况。

2017—2026年中国传统网络安全硬件平台市场规模及增速

年份	市场规模（亿元）	市场增速（%）
2017	31.7	21.5%
2018	38.5	18.4%
2019	45.6	20.8%
2020	55.1	23.9%
2021	68.2	26.8%
2022e	86.5	24.4%
2023e	107.6	27.0%
2024e	136.7	27.9%
2025e	174.8	26.8%
2026e	221.7	

从艾瑞咨询的市场调研可以看出，传统网络安全硬件平台市场规模在2021年达到68.2亿元，约占整体市场规模的94.8%，仍是市场主流。从宏观上看，传统网络安全硬件平台市场增长与国产化网络安全硬件平台市场增长保持正相关关系。因为在"双循环"战略下，国内大循环是主体，国内国际双循环相互促进也是大方向之一，因此传统网络安全硬件平台市场仍然是国产化厂商需要长期学习的对象。

因此，伴随网络安全服务的行业与场景愈发丰富，安全厂商对网络安全硬件的需求与采购规模将持续扩大，传统行业的数字化升级也将带动相关企业扩大在网络安全领域的投入。而且，新兴产业扩张与传统行业升级将为市场增长提供持续驱动，伴随云计算、物联网、车联网等领域的进一步发展，相关新兴领域的安全需求将进一步提升。需求侧在不断增长的情况下，传统网络安全硬件市场随之扩容也是正常情况。

但从增速看，传统网络安全硬件平台市场的增速约为 23.9%，要比整体市场的 26.4% 的增速低。从后期发展来看，传统网络安全硬件平台市场的增速将逐渐平缓，而整体的网络安全硬件平台市场增速却将越发陡峭，这说明国产化网络安全硬件市场规模会逐步超越传统网络安全硬件市场，成为市场增长的主引擎。

接下来让我们再看看国产化网络安全硬件平台市场的增长情况。

2019—2026年中国国产化网络安全硬件平台市场规模及增速

年份	市场规模（亿元）	市场增速（%）
2019	0.9	88.8%
2020	1.8	92.8%
2021	3.7	103.1%
2022e	7.7	109.7%
2023e	16.4	112.1%
2024e	34.5	110.2%
2025e	74.1	114.7%
2026e	148.1	99.7%

从艾瑞咨询的市场调研和预测看，相较于传统网络安全硬件平台的平缓增速，国产化网络安全硬件平台市场即将迎来高速增长期。进入 2021 年后更是每年 3 位数的超高速增长，国产化网络安全硬件平台市场几乎是以每年翻一番的速度在扩张。

从宏观来看，2016 年开始 IT 国产化成为行业重要议题，在 2019 年开始加速发展。得益于中国企业自主创新能力的提升，国产 IT 产品

第四部分 控局篇：控局之中自驱动（2021—2022 年）

更符合中国用户特征与行业需求，传统行业陆续引入国产 IT 技术。从结果来看，国产化网络安全硬件平台市场几乎像在 2020 年后突然出现的一块蛋糕，而且在急速变大。在此之前这块市场可以忽略不计，因此传统的外资厂商不把国产化当回事也在情理之中，它们更不会在国产化上进行布局和投入。

国产化 IT 产品迎来加速扩张期，逐步在重点行业更广泛渗透。而国产 IT 产品在传统行业数字化中的广泛应用，带动可以适配国产化功能需求的网络安全硬件产品需求提升。

以乐研为代表的内地厂商，在对国产化网络安全硬件超前布局的情况下，在即将爆发的市场中成为控局者也就是必然的了。

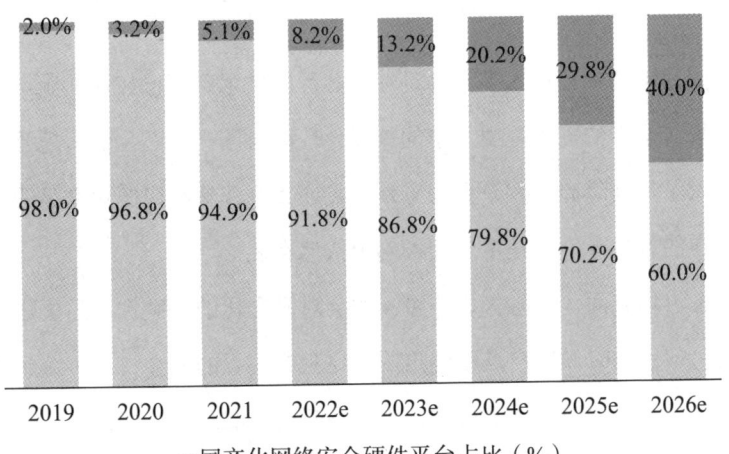

2019—2026年中国整体网络安全硬件平台市场结构

年份	国产化网络安全硬件平台占比（%）	传统网络安全硬件设备占比（%）
2019	2.0%	98.0%
2020	3.2%	96.8%
2021	5.1%	94.9%
2022e	8.2%	91.8%
2023e	13.2%	86.8%
2024e	20.2%	79.8%
2025e	29.8%	70.2%
2026e	40.0%	60.0%

从市场规模的绝对值来看，到 2026 年国产化网络安全硬件平台的

市场规模将增长超百倍，达到 148 亿元。而这个市场几乎都是内地厂商的蛋糕，而且是一个突然多出来的蛋糕，就看谁有本事吃到，以及谁有本事吃到最多的份额。以当前的发展趋势来看，乐研是机会最大的那一个。

从艾瑞咨询的市场调研和预测来看，国产网络安全硬件平台行业进入快速发展期后，市场占比将快速提升，在 2026 年有望达到 40%。而这已经充分说明，国产化大势已定。

从资本市场的表现，其实也能看出国产化趋势已定。作为最聪明也是最谨慎的人，风险投资机构 2018 年看到趋势有可能出现时，还只是找乐研了解一下行业真实的情况，而且对周玲的乐观判断表达了震惊，但并未立刻投资。而那时国产化只能说刚有了苗头，谁都不知道能不能成。

因为这其中存在太多不确定性。芯片的技术是否已经成熟到可以承接市场最前沿的需求，中下游的软硬件厂商对国产化芯片的适配是否已经积累了足够经验，各个参与方是否能通力合作解决国产化产品线中可能存在的各种 bug 等技术上的不确定依然存在。

在市场方面，下游客户是否真的会对国产化的软硬件产品买账，出现交付问题的时候客户是否能给国产化犯错容忍的机会，从传统到国产的切换是否会快速发生等问题，也是当时没人能回答的问题。

但到了 2021 年，乐研顺利拿到了融资。对于只会为确定性的趋势超前布局的风险投资机构而言，这说明上述问题已经有了答案，而且是确定性的答案。

政策引导下的市场分化

2021年前后，网络安全行业再度迎来巨变，其中，最关键的因素，就是监管机构对国产化网络安全行业实行了白名单制度，只有进入白名单的企业才能参与相关业务。而能进入白名单的企业，无疑全是研发、生产、甚至资本都绝对可靠的企业。

网络安全硬件平台市场的国产化趋势已经非常明确，但这个快速增长的大蛋糕却并非谁都能吃到。

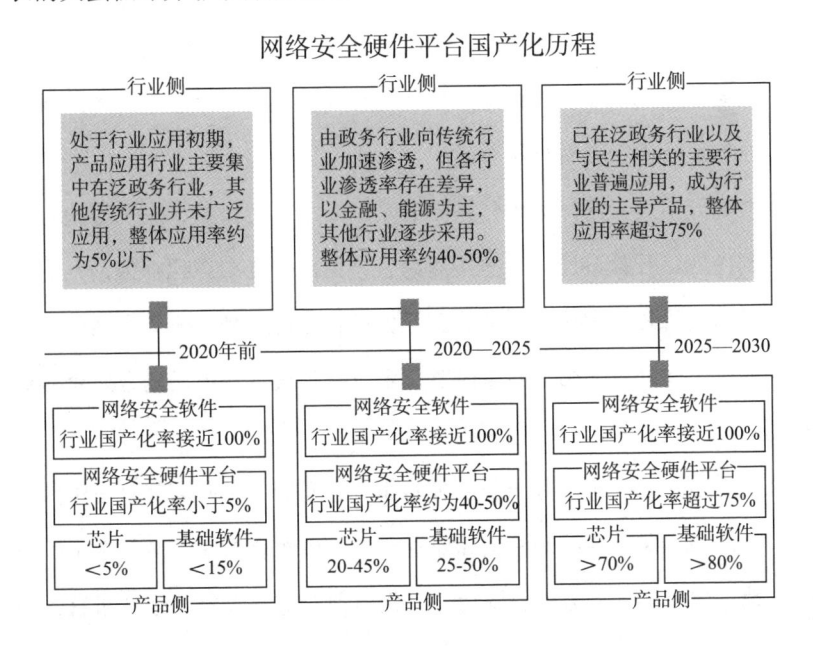

网络安全硬件平台国产化历程

2020年前
- 行业侧：处于行业应用初期，产品应用行业主要集中在泛政务行业，其他传统行业并未广泛应用，整体应用率约为5%以下
- 产品侧：
  - 网络安全软件行业国产化率接近100%
  - 网络安全硬件平台行业国产化率小于5%
  - 芯片 <5%
  - 基础软件 <15%

2020—2025
- 行业侧：由政务行业向传统行业加速渗透，但各行业渗透率存在差异，以金融、能源为主，其他行业逐步采用。整体应用率约40-50%
- 产品侧：
  - 网络安全软件行业国产化率接近100%
  - 网络安全硬件平台行业国产化率约为40-50%
  - 芯片 20-45%
  - 基础软件 25-50%

2025—2030
- 行业侧：已在泛政务行业以及与民生相关的主要行业普遍应用，成为行业的主导产品，整体应用率超过75%
- 产品侧：
  - 网络安全软件行业国产化率接近100%
  - 网络安全硬件平台行业国产化率超过75%
  - 芯片 >70%
  - 基础软件 >80%

伴随数字经济建设的加速和产业数字化的蓬勃发展，电子元器件国产化成为各行业关注的焦点。在国产化早期，网络安全硬件平台行业领域的厂商研发和技术能力有限，对国产化产品的支持和适配能力并不理想。但伴随国产化在 2020 年后加速发展，国产新品种类、能力、应用日渐广泛，网络安全硬件平台厂商对国产化产品的支持力度和适配度亦显著提升。未来，国产化产品逐步会成为各行业主导。同时，网络安全硬件设备行业也将在头部厂商的带动下，形成完善的行业标准化组织，以及覆盖广泛的产业联盟生态，帮助网络安全硬件平台行业走向成熟，成为国产化发展不可或缺的支撑。

据艾瑞咨询的市场调研和预判，到 2030 年左右，网络安全硬件平台行业的国产化率将达到 75%，这也是周玲等业内人士的一致判断。而芯片、基础软件的国产化率也将提升至 70% 和 80%。

外资厂商前期既没有在国产化方面有技术储备和建立供应商关系，当前又被政策挡在了门外，短短两年内行业格局便开始逆转，像乐研这样曾经的追随者快速实现了反超。

大部分中国台湾厂商十分纠结的是，要不要把研发、生产等核心环节放到内地。开篇讲过，这些厂商为了避免教会徒弟饿死师傅，几乎都选择了离岸研发，把研发团队放在了台湾。而这也是乐研等大陆厂商能崛起的一个原因——相比离岸研发，乐研等扎根本土市场的自研企业对市场的理解更深入，行动也更迅速。

据周玲介绍，乐研有一个上游的非核心元器件供应商就是在中国台湾生产，为了保证供应的稳定和监管合规，乐研要求对方必须把工厂搬到内地，如果不搬双方就解除合作。而目前对方已经着手迁厂事宜，但因为疫情影响导致延期。而乐研虽然接受了延期的理由，但同时也在和一家大陆的供应商洽谈初步的合作，以防万一。

不管怎么样，市场分化的趋势已经出现，而且将逐渐深化。但戏剧性的是，曾经的追随者逆袭为控局者，而曾经的主导者渐渐在衰落。这样的攻受逆转，周玲在创业之初也未曾想到，甚至想都不敢想。当时创业并选择自研道路，无非就是看到了自研才有活路，而且有着一颗走核心技术自主可控之路的赤子之心。

看完整体市场的发展趋势、当前格局变化以及早期成功者面临的困境，接下来再让我们看看乐研等控局者的境况，以及它们是如何完成逆袭的。

第九章

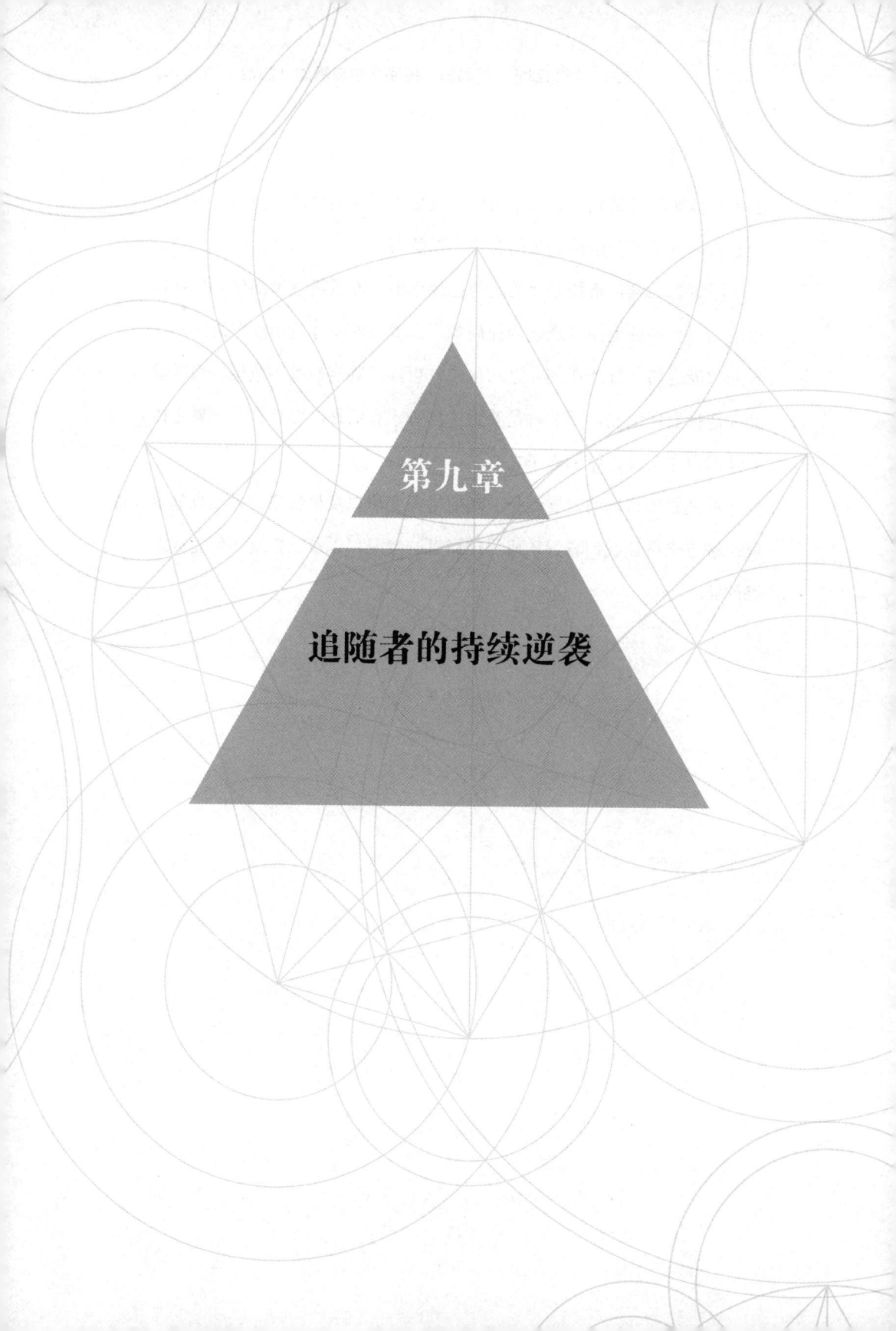

追随者的持续逆袭

专精特新小巨人

北京市经济和信息化局发布的 2022 年度第一批"专精特新"中小企业名单，经过严格的筛选及专家评审，北京乐研科技股份有限公司（以下简称"乐研科技"）成功入选该名单。

245	北京长石京源电子技术有限公司	大兴
246	北京天顺长城液压科技有限公司	朝阳
247	北京乐研科技股份有限公司	海淀
248	沃科合众科技（北京）股份有限公司	西城
249	北京希诺谷生物科技有限公司	昌平

来源：北京市 2022 年度第一批"专精特新"中小企业名单，排名不分先后

"专精特新"是指具备"专业化、精细化、特色化、新颖化"特征的企业，是专注于细分市场，创新实力强、市场占有率高、掌握核心技术，质量效益的排头兵企业。2018 年 11 月 26 日，工业和信息化部发布《关于开展专精特新"小巨人"企业培育工作的通知》（以下简称《通知》），宣布将择优培育 100 家左右专精特新"小巨人"企业。自此拉开了专精特新"小巨人"企业评选的序幕。

工业和信息化部赛迪研究院中小企业研究所所长赵卫东表示，这一

企业群体正是未来登陆科创板的生力军。"小巨人"与"科创板"历史性地碰撞，必将推动创新资本与优秀实体的深度融合，加速我国中小企业高质量发展的华丽转型。

在《通知》中，工业和信息化部明确，专精特新"小巨人"企业是"专精特新"中小企业中的佼佼者，是专注于细分市场、创新能力强、市场占有率高、掌握关键核心技术、质量效益优的排头兵企业。

虽然每一批专精特新"小巨人"的标准都有所不同，但总体围绕制造业的专（专业化）、精（精细化）、特（特色化）、新（新颖化）进行。涵盖多个"补短板、锻长板"关键细分领域，并对其市场份额及财务状况有较高要求。

成功入选"专精特新"中小企业是政府部门对乐研技术水平、创新能力、发展质量及综合实力等方面的认可，也是对乐研多年来坚持自主创新、始终保持市场竞争优势的肯定。

作为网络安全硬件行业的龙头企业，自2006年成立之日起，乐研科技便以夯实基础、打造卓越品质、构建创新体系为目标，坚持自主研发，形成了传统网络安全、信创网络安全、国产化服务器、扩展模块在内的多元化产品体系。客户行业覆盖网络安全、智能交通、安防监控、物流网、工业自动化等领域。公司先后获得国家高新技术企业、中关村高新技术企业、中关村瞪羚企业认证，并成为中关村可信计算产业联盟副理事长单位、中关村网络安全与信息化产业联盟会员单位。

近年来，乐研科技还积极配合国家对于关键器件和设备自主可控的政策引导，在国产化浪潮来临之际，率先推出基于飞腾、龙芯、海光、兆芯等国内厂商CPU芯片的网络安全设备，并已经实现批量生产和销售，为实现网络安全行业的供应链安全提供有力保障。

按当前商界比较流行的说法，这样的"专精特新小巨人"企业还有一个称呼——"隐形冠军"。

"隐形冠军"这个概念是个舶来品，由德国管理学家赫尔曼·西蒙（Hermann Simon）在1986年率先提出的，这是他对德国一类企业深入研究后总结的概念。按赫尔曼的描述，所谓的"隐形冠军"有三个主要特征：第一，这些企业销售额一般不超过20亿欧元，但却在某个细分市场位于世界前三，或者是所在洲的排头兵，因此是"冠军"；第二，这些企业往往非常低调。他们的CEO也不会像美国大公司的CEO那样喜欢暴露在媒体的聚光灯下，大众几乎对他们没有什么认知，因此是"隐形的"；第三，这些企业往往是家族企业，历经了好多代，坚持在一个方向不断深耕，因此掌握着关键环节的核心技术。

西蒙在2014年写了一本书《隐形冠军：未来全球化的先锋》，在书中他列举了2734家"隐形冠军"，分布全世界，但其中德国企业有1307家，占了将近一半。

为什么要打造中国版"隐形冠军"？"隐形冠军"近几年之所以被中国学界、商界追捧，甚至被主管部门重视，一定程度上是因为2016年后开始的中美贸易摩擦，让中国各界开始反思过去在科技乃至整个经济上对美国模式的效仿。

美国经济模式本质是以金融资本主导，明星跨国企业牵引，利用明星跨国企业编织全球价值网络，并占据核心生态位。因为美国是第二次世界大战后的主要战胜国和主要受益国，因此在和平稳定的发展环境中成功启动并引领了第三次科技革命。因此当前大部分产业的主流技术，美国都是源头，因此美国的很多企业都掌握着大量核心技术，而他们对核心技术的掌控只是为了更好地控制整个价值网络。

另一方面，美国模式是金融资本主导，靠着高估值的财富故事凭空创造了大量金融财富，并把每一个参与方绑上了这个吹泡泡的战船。在此过程中，对于那些敢于挑战经济主导地位的角色，美国金融资本则会利用主导地位施压，施压不成功的则会尝试将其踢出价值网络。就算是盟友国，也被如此对待，法国的阿尔斯通就是典型。

而像生产制造这种曾经是美国的辉煌，但如今创造财富神话见效慢的环节则被战略放弃，被转移到了低劳动力成本国家。因此美国才会出现一边是硅谷科技公司、华尔街金融机构在高歌猛进；另一边是中部"锈带"大量出现，制造业空心化现象明显。

美国近几十年的经济模式被西方学者创造了一个概念——"盎格鲁—撒克逊模式"，而对这种模式的反思近年来更是不断涌现。

与之相对，德国的"莱茵模式"近年来则更受追捧。德国的"莱茵模式"是产业资本辅助，中小企业主导的。德国企业不喜欢追求大规模以及大资本，它们之中99.6%都是中小企业，员工不超过500人，年销售额不超过5000万欧元或总资产小于4300万欧元。如果德国企业在运营中需要资金，一般会向银行借款间接融资，而不是像美国企业一样靠风险机构投资来直接融资。因此他们不喜欢讲"做大做强，上市暴富"的故事，更喜欢细水长流。

在这样平稳发展的环境中，德国企业孕育了大量"隐形冠军"——它们生产的机床可能卖出中国机床20倍的价格，它们生产的鱼类加工设备可能占全球市场20%的份额，它们不打广告就能在飞行手表、潜水手表等特种钟表市场占据一席之地，它们发展了95年终于在全球液压缸行业成为了翘楚……

"隐形冠军"不需要像美国大型科技企业一样靠价值网络控制其他参与方，但却可以靠对关键技术的掌握让自己活得很好。中国当前对"专精特新小巨人"的追求，就是希望中国能孵化出一批"隐形冠军"。

中制智库理事长新望分析称，新形势下，中国制造业需要适应全球竞争格局变化，需要尽快构建内循环为主体，内外循环互促的新发展格局。"隐形冠军"梯队的打造，正是适应了这种变化。其变化主要表现在三个方面：

首先，制造业企业不再追求无序扩张，大而不倒。从"大"到"专"成为新趋势。很多权威人士明确表示反对"流量为王""赢者通吃"，否认"大而不倒"。只求短期的"全"和"大"，而不求长期的"精"和"强"，对产业长远发展无益。"隐形冠军"深耕细分行业，能够做到"小而美""小而精"，能够打造产业链上长期稳定的一环，有利于中国制造业的安全自主和全球竞争力提升。

其次，制造业从"集成制造"向"基础制造"转变。中国改革开放以来的很长一段时间，制造业的发展都是以装配、集成为主，产业规模大，大多数产品能够生产，但产品的核心零部件依赖进口，容易被"卡脖子"。虽然解决了有没有的问题，但产业基础牢靠不牢靠的问题没有解决。装配虚胖，基础零部件没油水、没韧性。"隐形冠军"在细分行业，立足基础制造，能逐渐实现产业链核心零部件和关键技术的国产化、高端化，补短板、疏堵点，可以解决"卡脖子"之痛。

最后，从"跟随战略"向"自主战略"转变。对先进制造和高端制造，美对我"精准脱钩""定点脱钩"，而且制造业一旦到了"无人区"，便无以模仿。以往的跟随模仿策略可以说已经走到头，必须走自主创新之路。"隐形冠军"企业专注细分领域，依靠技术原创和极端制造，将推动中国制造业从跟随模仿迈向创新驱动。

乐研入选"专精特新"中小企业名单，已经在技术、细分市场地位、产业链话语权等方面证实了当前实力。

自2006年创立，乐研以ARM架构迅速在市场中寻找到一线生机，然后不断在X86架构、国产架构、ARM架构下不断腾挪积累技术实力，并从低端向中低端、中端、中高、高端不断攀爬。

乐研科技发展历程及产品体系

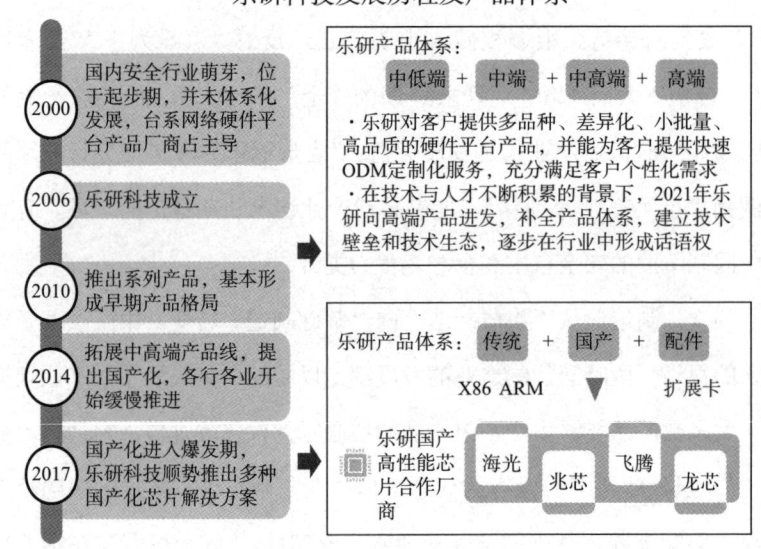

2000	国内安全行业萌芽，位于起步期，并未体系化发展，台系网络硬件平台产品厂商占主导
2006	乐研科技成立
2010	推出系列产品，基本形成早期产品格局
2014	拓展中高端产品线，提出国产化，各行各业开始缓慢推进
2017	国产化进入爆发期，乐研科技顺势推出多种国产化芯片解决方案

乐研产品体系：中低端 + 中端 + 中高端 + 高端

- 乐研对客户提供多品种、差异化、小批量、高品质的硬件平台产品，并能为客户提供快速ODM定制化服务，充分满足客户个性化需求
- 在技术与人才不断积累的背景下，2021年乐研向高端产品进发，补全产品体系，建立技术壁垒和技术生态，逐步在行业中形成话语权

乐研产品体系：传统 + 国产 + 配件
X86 ARM   扩展卡

乐研国产高性能芯片合作厂商：海光、兆芯、飞腾、龙芯

2010年之后，乐研开始不断扩充产品线，并逐渐形成传统网络安全、国产化网络安全、工业网络安全等多种硬件平台解决方案。2017

第四部分 控局篇：控局之中自驱动（2021—2022年）

年以后，基于国产CPU乐研又相继提出多种解决方案，随后发展便进入腾飞期。

在产品方面，乐研具备自主可控、高品质、差异化的特点，已覆盖中端、中低端与中高端、高端需求。据周玲介绍，2021年开始乐研更加完善高端产品和入门级产品，在保证业绩规模的同时不断向技术最顶端冲刺。而在不断提升技术、解决行业问题的过程中，乐研逐渐与奇安信、天融信、绿盟科技、启明星辰、六方云等国内头部网络安全软件厂商建立起了牢固的合作关系。

在过去16年的发展过程中，乐研一直以自主研发开路，其技术实力在逐步累进并夯实。而这一点是"隐形冠军"成立的先决条件。

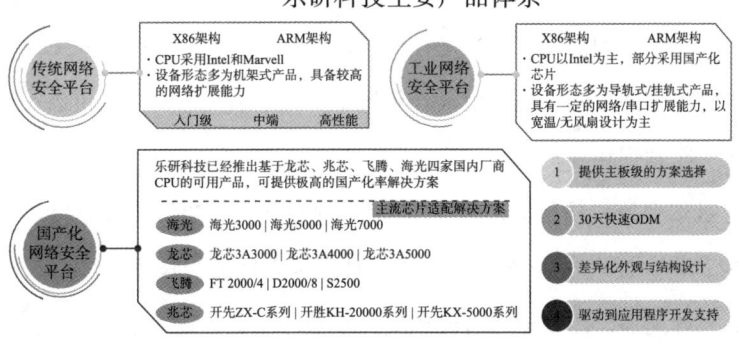

乐研科技主要产品体系

传统网络安全平台
- X86架构：CPU采用Intel和Marvell
- ARM架构
- 设备形态多为机架式产品，具备较高的网络扩展能力
- 入门级 | 中端 | 高性能

工业网络安全平台
- X86架构 | ARM架构
- CPU以Intel为主，部分采用国产化芯片
- 设备形态多为导轨式/挂轨式产品，具有一定的网络/串口扩展能力，以宽温/无风扇设计为主

国产化网络安全平台

乐研科技已经推出基于龙芯、兆芯、飞腾、海光四家国内厂商CPU的可用产品，可提供极高的国产化率解决方案

主流芯片适配解决方案：
海光	海光3000 | 海光5000 | 海光7000
龙芯	龙芯3A3000 | 龙芯3A4000 | 龙芯3A5000
飞腾	FT 2000/4 | D2000/8 | S2500
兆芯	开先ZX-C系列 | 开胜KH-20000系列 | 开先KX-5000系列

1. 提供主板级的方案选择
2. 30天快速ODM
3. 差异化外观与结构设计
4. 驱动到应用程序开发支持

在市场探索方面，乐研科技立足于网络安全产业链最上游，不仅提供网络安全硬件平台等各种设备，还不断尝试满足网络安全软件公司各种软件性能需求。目前已覆盖传统网络安全、国产化网络安全、工业网络安全等细分产业终端用户。

对传统网络安全硬件平台市场，乐研产品矩阵覆盖入门级、中端以及高性能产品；对工业安全平台，产品涵盖海内外高性能芯片；对国产化安全硬件平台，乐研已经实现与主流 CPU 平台的全面适配，并不断与国内芯片厂商共同寻找芯片调试的有效验证手段。

乐研不断从方案规划、硬件定制、结构定制、软件开发 4 个方面给予客户技术支持，为客户创造价值。当前，乐研已经成为国内网络安全生产链上不可或缺的一环。而这就是"隐形冠军"成立的标志。

资本助力发展加速

2020 年前的 14 年里，乐研一直靠着自有资金逐步发展壮大。据周玲介绍，创立的前两年乐研是亏损的，但 2008 年在凌动 N270 上找到突破，重新杀回 X86 主战场后，当年乐研实现了盈利，自此就再也没有出现过一个亏损年。

虽然身处科技行业，但前 14 年里周玲并没有想过要涉猎资本，就像老黄牛一样日拱一卒，推动着乐研一点点地进行技术爬坡、产能爬坡、营收爬坡。这个过程可能速度比较慢，但贵在日渐精进，因此乐研的技术沉淀、供应链沉淀、客户关系沉淀都足够有分量，整个根基非常稳固。

这可能也是做基础技术产品的企业的一贯特质，特别是做基础硬件的公司一般企业经营都比较稳。像华为、中兴、龙芯中科等企业，几乎都是十年磨一剑的风格，平时不高调，关键时刻敢于亮剑，也有实力亮剑。

第四部分　控局篇：控局之中自驱动（2021—2022 年）

进入 2019 年后，整个国产信创产业开始加速。

从整个宏观环境来看，美国对中国的科技打压已经避无可避，不是委曲求全就能躲过的。因此信创对应的各个产业，都必须加速推进核心技术的大力研发，希望早日实现在关键环节的自主可控，不再惧怕被西方"卡脖子"。

从中观的产业格局来看，网络安全是重中之重的赛道。从政府部门到各重要企事业单位都开始重视自身的网络安全，而当前最有效的方式就是大力推进国产化网络安全硬件平台及软件应用的部署。因此从政策到市场需求，都倒逼行业要加速发展，加速技术攻关和产能爬坡。

而微观的企业层面，各个网络安全硬件平台企业早已行动了起来，都在抓紧与国产芯片厂商建立供货关系、争抢国产芯片产能、争抢下游软件厂商客户的国产化订单等。不甘被甩下的台资厂商更是急迫，寄希望于通过资本运作绕开政策壁垒，重新夺回行业的主导地位。

因此，打通金融市场的融资通道、助力信创产业发展，已经是从宏观到微观的一致共识。而投资机构也早已行动起来，2018 年乐研被风险投资机构关注并上门交流，就已经是最早的征兆。

在这种情况下，乐研也必须借助资本的力量开启加速发展，否则就有可能错失大好的发展机遇，以及面临竞争对手借助资本杠杆对其造成的不对称竞争优势。

创业者面对的首要问题就是：到底什么时候是最合适的融资时机。对此，阿里巴巴创始人马云是这样说的："你一定要在你很赚钱的时候去融资，在你不需要钱的时候去融资，要在阳光灿烂的日子修理屋顶，而不是等到需要钱的时候再去融资，那你就麻烦了。所以，在你不需要钱的时候去融资，这就是融资的最佳时间。"

2020—2021年，乐研前后顺利完成了3轮融资，速度之快也足见投资机构对乐研实力的肯定。2021年12月20日，乐研迎来了重要性的时刻——公司股份制改造工作圆满完成，"北京乐研科技有限公司"正式更名为"北京乐研科技股份有限公司"。

在2020年初步完成资本化后，周玲就已经开始对乐研进行新一轮变革，核心目标一方面是要让公司更好地夯实管理基础，以承接即将快速壮大的团队规模；另一方面快速进行面向未来的供应链布局，以应对产能爬坡的挑战。

在夯实管理基础方面，周玲提出的变革思路就是全面推进企业管理的移动数字化改造。2016年周玲在乐研团队还只有几十人规模时，就力排众议推进了乐研的信息化能力建设，投入巨资为公司部署了ERP、CRM、OA等办公系统，并推动了业务流程、管理流程、办公协作流程的重塑。而那次前瞻的信息化能力建设，为乐研向中高端市场突破和向国产化全面发力这两项核心战略的实施，奠定了基础。战略实施的过程中，尽管团队管理遇到了一些挑战，但是，整个乐研团队规模扩张期间，并没有出现管理能力跟不上的情况。

看到国产化浪潮即将爆发的周玲，想要做的第一件事还是管理能力夯实，而这次的升级方向变成了移动数字化管理能力建设，并且推进所有管理系统上云。这也是近几年国内企业管理能力升级的新方向。

乐研选择的移动协同办公平台是钉钉，并且将ERP、CRM、OA等系统都实现了云化和在钉钉上实现归口统一。而移动数字化办公的优势也是显而易见的，能更即时地完成协作交互、更全面地搜集和沉淀企业经营数据、更系统地完成管理安排和调度，以及将来进行管理系统再迭代时，在云上也更容易实现。

而接下来事情的发展也确实符合周玲的预测：国产化浪潮爆发，乐研的订单随之井喷，团队规模也在业绩每年翻倍的情况下快速扩张。而且，为了应对这种快速扩张的挑战，乐研在资本化后也有能力进行团队甚至公司并购。为此，乐研在办公环境方面也做了充分布局。

乐研新总部中关村翠湖科技园云中心

2021年12月10日，乐研总部正式乔迁至北京国际科技创新中心核心区的战略腹地——中关村科学城北区翠湖科技园。在乐研十几年的发展历程中，这也是总部办公地址经历的第三次重要搬迁。

新总部大楼翠湖科技园云中心位于北京市海淀区高里掌路3号院20号楼，共3层，办公区面积近1万平方米，以绿色、自然、环保、科技化、现代化为设计理念，配套先进的软硬件设施与服务，为公司员工提供了高品质的科研、办公及对外交流环境。

新办公大楼的落成，既是乐研发展的一个里程碑，也是乐研前进的一个新起点。在团队规模扩张的同时，乐研也开始借助资本化推进供应链的超前布局。其中最重要的一个布局，就是对关键芯片产能的提前争夺。

自2020年以来，芯片荒席卷全球，芯片供需严重失衡，市面上陷入长期的缺货状态。芯片价格集体上涨，一些芯片从单价几十元上涨至数千、上万元，甚至有价无货，一芯难求。

这场史无前例的全球缺芯潮，将小小的芯片推到聚光灯下，成为世界关注的焦点。

造成全球芯片荒的源头之一，是美国2019年开始对中国科技的全面制裁。为了打压中国科技企业，2019年美国就对芯片为主的关键技术授权规则做了重大调整，而这严重打乱了全球化供应链网络的运行节奏，让多个环节出现了大量供需错配。与此同时，全球疫情的反反复复，又给原本脆弱的供应链雪上加霜。

《人民日报》曾就此发表名为《科技自立　时不我待》的评论文章，称："实践反复告诉我们，一般技术可以引进，关键核心技术却是要不来、买不来、讨不来的……中国不可能买来一个现代化，我们只有坚持科技自立，把关键技术、核心装备牢牢掌握在自己手中，才能从根本上保障国家经济安全，迈出高质量发展的铿锵步伐。"

在此期间，除了中国大陆在严格贯彻动态清零政策下，早早实现了社会生产活动的基本恢复，国外大量国家因为疫情防控政策来回摇摆，防控举措不彻底，导致疫情反复爆发，严重拖累了社会生产活动。因而芯片全球供应链一直处于紧绷状态。

而几乎就是同一时期，全球以新能源车为代表的智能硬件市场爆发，对芯片的需求量暴涨。原本就供应紧张的芯片市场，突然又多出来了一大块快速增长的需求，芯片供应链短时间被拉断，全球芯片荒随之出现并快速蔓延到各行各业。甚至期间有新闻报道，有的企业采购不到芯片，就大量采购洗衣机等生活电器，然后拆出其中的芯片来应急。

在国内网络安全硬件市场，对芯片的争夺也已经到了白热化的程度，特别是国产化浪潮下，对国产芯片的产能争夺更是到了极度紧张的状态。但国产芯片行业也是突然遇到了国产化浪潮，自身也在产能爬坡，订单交付周期长达 60 周。因此如果不是提前布局，肯定完不成对客户的交付。

但在芯片产能争夺方面，乐研确实占尽了天时、地利、人和。首先，乐研及早完成了资本化布局，有足够财力大规模超前预定芯片厂商的产能；其次，经过此前 7 年的快速发展，乐研的市场占比已经达到了很高的程度，初步具备了对市场信息的掌控能力，而且乐研在数字化能力上的投入，也让其对市场的销售预测能力大幅增强，能有效预估出自身需要的芯片量，而不会出现严重超配的情况；最后，乐研是国内最早和国产芯片厂商建立合作关系的安全硬件平台企业，而且几乎是大部分芯片厂商的第一大客户和在安全领域的唯一战略合作伙伴，因此乐研几乎能拿到所有主流芯片厂商的核心产能。

"在供应链的超前布局下，很多竞争对手没有做好供应链储备，更拿不出有竞争力的产品，如果按正常 60 周的交付周期订货，等到明年恐怕黄花菜都凉了。"周玲分析当前的竞争格局时说。

周玲在 2020 年后的提前布局，让乐研在近两年内收获了大量市场份额，同时也在国产化技术适配中积累了宝贵的经验和口碑，成为了行业内的明星企业，并逐渐进入了政府部门的视野，成为了重点的调研和鼓励发展对象。

国家发展改革委相关部门到乐研总部调研指导工作

2021年12月8日上午，国家发展改革委相关部门领导一行莅临乐研总部调研指导工作，双方就网络安全硬件行业的发展情况及信创领域的工作开展情况进行了深入沟通和交流。

国家发展改革委领导一行在听取了汇报后对乐研科技在网络安全领域做出的成绩给予了充分肯定，并指出中国本土企业应该努力走向世界，乐研科技作为行业中的龙头企业任重道远。会议上，领导们主要调研了生产经营、供应链采购管理、信创产品技术等情况。周玲就领导们提出的相关问题作了详细的汇报。

国家发展改革委领导表示将全力支持行业的发展，并将切实地帮助行业中的企业解决发展中遇到的问题，为行业领军企业的健康发展提供有效支持。乐研科技董事长兼总经理周玲表示：乐研定将与时俱进，响应国家"双循环"政策，牢固把握"十四五"规划的发展契机，坚定不移地走自主创新之路，为企业发展和行业生态建设贡献力量。

在资本助力加速发展的动能下，乐研也逐渐为自身构建起了一系列极具竞争力的优势，并逐步固化为自身宽阔的护城河，帮助自身站稳行业领导者的位置。

乐研的护城河

处在前所未有的变局当中，唯一确定的就是难以充分预知的不确定性。但从历史的角度来看待变革，它也是新商业觉醒与破茧重生的发端。"不浪费每一次危机和变化"，早已在具有远见卓识的商业领袖群体中形成共识。

如何在纷繁芜杂的变量之中，找到一条商业突围的新路，是肩负创新使命的企业必须回答的问题，也是真正有社会责任和远大抱负的企业家探寻基业长青和追求卓越的落脚点。

怎样的生意才是好的生意？巴菲特认为，其中的关键是寻找护城河。价值投资的基本方法，便是识别企业是否拥有护城河，并基于此进行估值并作出投资决策。

《巴菲特的护城河》一书的作者多尔西教授（Pat Dorsey）曾总结五种护城河——无形资产（品牌、专利或特许经营资质）、成本优势、转换成本、网络效应和有效规模。哥伦比亚大学商学院教授布鲁斯·格林沃尔德（Bruce Greenwald）在《竞争优势：透视企业护城河》一书中则作了更进一步的分析，认为只有三种真正的竞争优势——供给侧竞争优势（成本优势）、需求侧竞争优势（需求优势）、规模经济效益竞争优势。

经过近 20 年的摸爬滚打，周玲也逐渐总结出了在网络安全硬件行业，什么才是企业真正能基业长青的关键——产品研发设计、供应链管理、国产化适配能力。

首先，伴随产业互联网发展带动各行业加速数字化升级，网络安全产品类型及功能日渐丰富——一方面，网络安全产品集成的安全功能更加丰富；另一方面，网络安全产品性能要求更加严格。因此，网络安全硬件平台厂商的产品研发及设计能力成为市场竞争的关键胜负手段之一。同时，网络安全硬件平台行业发展更加迅速，行业的准入门槛日渐抬高，行业竞争已从新老厂商间的较量，逐步演变为存量厂商间的竞争。

因此，在新的市场形态下，网络安全硬件平台厂商既需要在研发中扩大投入，以实现产品更好地契合安全产品的能力需求，并对个性化能力更好地支持；同时更需要关注行业发展趋势与市场走向，提前布局以获取先发优势。

其次，受到疫情、产能等因素影响，芯片等电子元器件供应周期被迫延长。在供应紧张的背景下，芯片厂商更倾向于优先为大中型网络安全硬件平台厂商供货，而中小型客户则较难保障货源供应，进而影响产品交付。因此，与上游电子元器件厂商，尤其是芯片厂商建立良好的合作关系，保证资源供给的稳定性，有助于厂商实现产品交付的可持续性。

而网络安全硬件平台厂商具备更强的供应链管理能力，则更能适应网络安全产业上游资源集中化趋势，更好地聚合优势资源，逐步升级为"平台型"厂商，提高资源利用率以更迅速地响应市场动态需要。

最后，国产化芯片已逐步加速被应用于关系民生的重点行业。网络安全硬件平台也需针对国产化芯片特征进行有效支持。但国产化芯片目前仍在加速成长期，在产品适配、场景适配中，存在较多不稳定因素。因此，网络安全硬件平台厂商在市场竞争中，不能仅被动地适应芯片特性，更需利用自身能力，主动探察潜在影响因素，进而更有效保证产品性能。

此外，随着国产化安全产品在重点行业的利用率提升，网络安全硬件平台厂商需要聚焦于提升国产元器件适配能力，从而在竞争中更好地提升市场份额，才能构建更坚实的护城河。

按照 4L 管理模型理论——超级领导者（Leadership Of Superous）、商业生态矩阵（Logical Matrix Of Business）、长尾市场（Longtail Product And Market）、无边界的创新力（Limitless Innovation）和价值动机（Value motivation）——我们一一剖析乐研科技从封锁中突围，从挑战中破局的逻辑会发现其从 0 到 1，从小到大，最终成长为信创产业细分领域优胜者的真正原因。

第一，乐研科技开创者和掌舵者的战略思维与共同愿景，决定了其在信创产业耕耘的深度与广度。

约瑟夫·熊彼特将创新归因于无法复制的企业家个人气质、心理与认知方式，熊彼特所高度评价的优秀企业家，事实上就是超级领导者的另一个称谓。非同寻常的思维方式，把战略转化为行动的力量和面对阻力时能够毅然决然突破传统的束缚从而找到新的机会。从通用电气的杰克·韦尔奇到IBM的郭士纳，从稻盛和夫到中国华为的任正非，不同时代的商业传奇缔造者，都是超级领导者的代表性人物。

乐研科技创始人周玲是一名技术出身的连续创业者，在其进入信创产业之后，行业经历了数次变革与迭代，甚至早期的众多优秀企业家都开始转换赛道，但周玲及其一众乐研科技的主导者们从未想过要转换赛道和另起炉灶。究其原因，一方面是周玲认为信创产业是未来国家战略新兴产业的重中之重，其每一个细分领域都需要有高精尖人才，只有如此才能够让信创产业链条逐渐完善。

众所周知，在高新技术领域如果没有十年甚至更久的深耕细作，是不会产生独树一帜的产品和价值的。所以当回头看乐研科技走过的十余载的坚守之路时，会发现这家公司从最初就明确了要在其从事的领域中实现核心技术自主可控和在行业中成为控局者的决心。

乐研科技在N270、D525、C236、国产化等节点上实现一次次前瞻布局和弯道超车，充分彰显了其高端竞争的前瞻思维。当别人都在聚焦于同质竞争，凭借价格战来获得客户时，乐研科技早早就告别了低价恶性竞争的模式，而是转而寻求与合作伙伴"共生"，凭借自身的研发实力和产品质量最终获得了供应链层面的充分认可。

周玲深知，低端竞争或许能够在一定时间内活得很好，但从长远来看，对于企业的长期持续发展和构建自身的护城河毫无益处。只有掌握了行业发展的密钥，凭借其他竞争对手无可替代的创新价值、产品质量和服务，才能够在红海竞争中立于不败之地。

第二，乐研科技通过十余年的积累所创建的完备商业生态矩阵，成就了供应链中不可替代的地位。

对于一个具体的商业个体而言，其内部每个业态之间的关系往往决定了其价值边界。以差异化、业态互补为特征的产品及服务矩阵，也是规模级平台能够长续经营制胜和防御竞争对手的关键。从海外的谷歌、苹果和微软，到本土的腾讯、阿里巴巴、字节跳动和京东，几乎都拥有完备的商业生态矩阵。

事实上，每一个平台级企业或是细分市场中的王者，都拥有着多个垂直领域的产品和技术上的优势，最终才构成了其动态而稳定的护城河，保障其构建的商业帝国能够更加长治久安。

对于在信创产业深耕了近 20 年的乐研科技而言，其之所以能够跻身国内领先硬件平台提供商的头部，概源于其构建的全系列生态矩阵。

乐研科技以传统网络安全硬件为基础，率先推出国产化网络安全硬件并引领市场。乐研科技立足于网络安全产业链最上游，提供网络安全硬件平台设备，满足网络安全软件公司各种软件性能需求，是客户生产链上不可或缺的一环，目前已覆盖传统网络安全、国产化网络安全、工业网络安全等细分产业终端用户。

对传统网络安全平台，乐研产品矩阵覆盖入门级、中端以及高性能产品；对工业安全平台，产品涵盖海内外高性能芯片；对国产化平台，乐研已经实现与主流 CPU 平台的全面适配，将与国内芯片厂商共同寻找芯片调试的有效验证手段。

总体而言，乐研科技具备了从方案规划、硬件定制、结构定制、软件开发四个方面给予客户技术支持，为客户创造价值。

第三，正在构建的国内大循环为主体，国内国际双循环的新发展格局为乐研科技这样的优质创新型企业提供了千载难逢的发展机遇和长尾市场。

诺贝尔经济学家获得者罗纳德·科斯在《企业的性质》中从规模和创造市场来诠释企业的存在逻辑及其目标。显然，效率的提升，价值的最大化等都是企业诞生之时就应有的维度。实际上，持续并呈规模性地创造价值是长尾市场的本质：它们看似很小，微不足道，但都能够积少成多，聚沙成塔。具有竞争力的企业，追逐的本应是蓝海而非红海，打造的赛道本应是规模型的平台而非垂直并局限的一隅。只有如此才能在充分的商业竞争中立于不败之地，这也是企业性质和本质的一个权威解读。

事实上，早在 2010 年之时乐研科技就已经开始不断扩充产品线，并逐渐形成传统网络安全、国产化网络安全、工业网络安全等多种硬件平台解决方案。到了 2017 年以后，乐研科技又基于国产 CPU 而提出多种优质解决方案，一举使自身跨入了蜕变时期。总体而言，乐研科技的解决方案之所以能够被众多上市公司平台引为优质备选方案，是因为乐研科技的产品具备了自主可控、高品质和差异化等特点，并且已覆盖中端、中低端、中高端和高端的多层次综合需求。

2021 年开始，乐研科技又开始了高端产品和入门级产品的完善和升级进程，从而为包括奇安信、天融信、绿盟科技、启明星辰、六方云等在内的优质客户提供优质的解决方案。

第四，乐研科技构建的可持续创新生态，成就了这家公司在细分市场第一的王者地位，同时也构建起了短期无法被超越的壁垒。

《纽约客》怪才作家马尔科姆·格拉德维尔（Malcolm Gladwell）在《逆转》中论证了一个这样的逻辑："随着环境变化，有些劣势可以转化为优势，有些旁人看来的优势其实是劣势。"这里的逆转概念，既有从0到1的质变，也有从强变弱的转折，体现了一个相对完整的商业变革周期律。从新兴互联网技术发展迅猛的当下出发，我们看到传统商业在拥抱数字化之后所获得的新生，每一项新兴技术对既有模式的赋能都能带动一轮新的产业变革。反之，那些自我设限和没有准备好拥抱变化的上一代卓越公司，面临的则是被颠覆的命运。

如果从具体维度衡量乐研科技的创新力，人才、产品及服务的解决方案和自主研发的实力与魄力等，都是其独树一帜的标准。过去十几年里，乐研公司搭建了结构合理、专业扎实的人才队伍，从行业顶尖的管理人员，到高素质、高效率的硬件研发队伍和专业技术队伍，保证了公司能够始终密切跟进国际最新技术方向，并将研究的成果不断应用到公司的产品和服务中去。

优秀的人才、先进的技术、丰富的经验，以及持续迭代和应用数字化管理工具，更新生产运作模式，保证了乐研科技的快速交付能力、优秀的产品质量、专业高效的服务水平，也让乐研科技持续获得客户的高度认可，成为国内网络安全设备的主流供应商之一。

尤其是在国产化浪潮来临之际，乐研科技积极响应国家政策，在关键器件和设备自主可控方面持续发力，率先推出基于飞腾、龙芯、海光、兆芯等国内厂商CPU芯片的网络安全设备，并已经实现批量生产和销售，为实现网络安全行业的供应链安全提供了有力保障。

这些强而有力的突破，让乐研科技得到了众多政府、行业协会和合作伙伴的认可，先后获得"国家高新技术企业""中关村高新技术企业""中关村瞪羚企业"认证，并成为中关村可信计算产业联盟副理事长单位、中关村网络安全与信息化产业联盟会员单位。

第五，立足长远的价值动机和愿景，极大地赋能乐研科技所从事的创新事业，并成就了中国信创产业细分市场龙头企业的蝶变。

企业成功的背后，还需要带动社会就业与福利等综合价值的加成，这是新兴商业逻辑与企业管理中必不可少的一部分。价值追寻的目的与动机，也是判断好商业与坏商业的标准。拥有普世价值和能够为社会带来正向力量的商业，往往有着积极正向的动机，而一味追逐商业利润而枉顾社会责任、法律道德约束的公司和模式就难以归入优秀商业之范畴。例如本书中我们所列举的一些暴利的垄断行业，行走在法律与道德边缘的商业模式，都不能归为好的商业。

实业报国和造福社会成为乐研科技创建伊始就确立的宗旨与目标。

乐研科技生而逢时，在信创产业不断变革的进程中，逐渐通过自身的开拓和创新掌握核心技术，并逐渐成为行业的主流供应商。而在其走过了第一个15年历程之后，中国新一代信息技术行业面临着前所未有的困难和挑战。在此背景之下，寻求自主可控和网络空间安全成为中国信创产业的必由之路。而作为中国本土企业，乐研科技将其愿景定位在与国家层面的产业政策与战略的同频共振之上。正如乐研科技企业文化中所强调的，其未来的目标将聚焦于响应国家双循环政策，牢固把握"十四五"规划的发展契机，坚定不移地走自主创新之路，为企业发展和行业生态建设贡献力量。

第四部分　控局篇：控局之中自驱动（2021—2022 年）

"花繁柳密处拨得开，才是手段；风狂雨急时立得定，方见脚根。"往往是在产业变革的关键时期，才能够看到源自本土的创新力量的责任与担当，这也是乐研科技今天能够破除万难、独立自主发展新一代信息技术的底气所在。

乐研科技的技术研发团队始终密切跟进国际最新技术方向，不断提升自主创新能力，实现产品技术的不断迭代升级。同时通过基于信息化的管理及制度体系搭建、优秀的研发人才队伍建设，形成出色的自主研发能力，优质供应链管理能力，快速纠正及预防响应体系，奠定了乐研科技在行业内的技术前瞻性与引领性的优势，以及同行及后来者难以跨越的护城河。

第五部分

未来篇：

海纳百川，有容乃大（2022年至未来）

未来，占据主导地位的头部厂商持续扩大产品研发投入，提升国产化芯片适配能力，很可能将长期占据市场的主导地位。同时，国产化市场正在急速增长，市场占比逐渐加大，预计2025年后将全面超越传统市场，至2030年时市场份额会进一步扩大到75%。网络安全硬件设备行业也将在头部厂商的带动下，形成完善的行业标准化组织，以及覆盖广泛的产业联盟生态，帮助网络安全硬件平台行业走向成熟与完备，成为国产化发展不可或缺的支撑。

第十章

长期主义者的坚守

第五部分　未来篇：海纳百川，有容乃大（2022年至未来）

市场统治力

在信息丰富的时代，往往需要很大的毅力去理解公司，但对于眼光长远的投资者来说，更需要忽略短期的"噪音"。

顶尖高手，都是时间的长期主义者。

巴菲特信仰价值投资，借助数十年复利的力量，成为投资领域世人敬仰的一代宗师；贝索斯以长期价值为中心，坚持用户至上，带领亚马逊成为全球市值最高的企业之一；任正非带领华为，以客户为中心，以奋斗者为本，长期坚持艰苦奋斗，成为中国科技领域最闪亮的名片。

长期主义是专注长期价值的认知方法与行为模式。

长期主义的态度是专注，始终面向未来，才能穿越周期，用长期的确定性，对抗短期的不确定性；长期主义的方法是深耕，不刻意追求短期的极致效果，注重大量单次动作累加后的精彩；长期主义的收获是水到渠成，是做时间的朋友，借助复利的力量，实现价值的飞跃。

高瓴创始人兼首席执行官张磊在《价值》一书中写道：长期主义不仅仅是一种方法论，更是一种价值观。流水不争先，争的是滔滔不绝。在张磊看来，无论对企业还是个人，长期主义不仅是中国企业转型的必然路径，也是一条个人修炼和自我价值实现的根本方法。

中国的信创产业虽然历经30多年的艰难探索，但对于在国际竞争中开辟自己的天地这个目标，当前只能说我们才刚刚起步。但可喜的是，我们的信创产业不再像 30 年前那样筚路蓝缕。关键半导体设备 / 关键制程芯片及产品制造、关键应用及其支撑环境等重要品类的核心技术节点持续突破，信创产业已开始具备应对需求爆发式增长的供给能力。

其中关键的 CPU 方面，我国信创产业已具备规模化生产、应用能力，龙头企业发展迅速。近年来国产头部厂商研发持续突破，PC/ 服务器 CPU 领域与海外主流产品的性能差距正逐步缩小。同时，无论在全球主流的 X86 路线还是 MIPS/ARM 等自主路线的产业生态构建也在持续完善，在国内头部 CPU 企业合力下实现整体竞争力提升。龙芯中科的龙芯 1 号、龙芯 2 号、龙芯 3 号面向不同客群及定位获得了广泛应用，X86 解决方案等各类产品打磨不断成熟，相关厂商均已具备规模化生产、应用的能力，同时以"销售一代、验证一代、研发一代"的策略持续推进产品研发迭代，产业龙头发展迅速。

2012 年，龙芯 3A1000，其实单核分值只有 2.7 分，2019 年发布的龙芯 3A4000 提升到 21.1 分，已经从"能用"转变为"好用"。新一代龙芯 3A5000 的上市，更是实现性能大幅跨越，开启国产自主 CPU "好用"新纪元。

同样，随着前 20 年的学习与摸索，与后 10 年的努力追赶，当前国产信创产业已经出现一批具备自主创新能力和技术实力的高新技术企业，而且它们也已经初步形成了彼此助力发展的新型科技共创价值网络。

在这样"面朝大海、春暖花开"的崭新格局下，政府部门希望通过

"专精特新小巨人"评选的方式把优秀科创企业筛选出来，给予指导和帮助，让它们能更好地发展和迈向世界舞台。在评选的指标中，细分市场中的占比就是一项关键指标。

2019—2021年全球安全与风险管理类支出

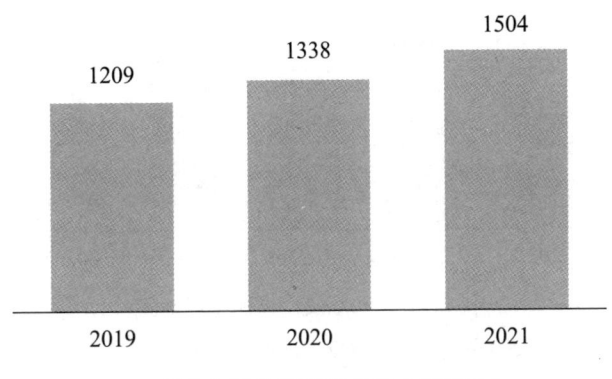

年份	安全与风险管理类支出（亿美元）
2019	1209
2020	1338
2021	1504

具体到网络安全产业，从全球格局来看，在全球网络攻击不断升级的大背景下，全球的企业都开始更加重视自身网络安全体系的构建，安全与风险管理类产品与服务的支出正逐步加大，至2021年已到达1504亿美元的超大规模。

在具体的市场趋势指标中，网络安全领域的投资计划一直是全球企业的重点关注目标。据Gartner、IDC等知名科技行业市场调研机构的预测，2022年全球范围内约有66%的企业将增加网络和信息安全方面的投资，而国内企业对IT安全的投资在此后4年都将保持高增长趋势。对于中国网络安全企业而言，这是一个需要积极面向的蔚蓝大海。

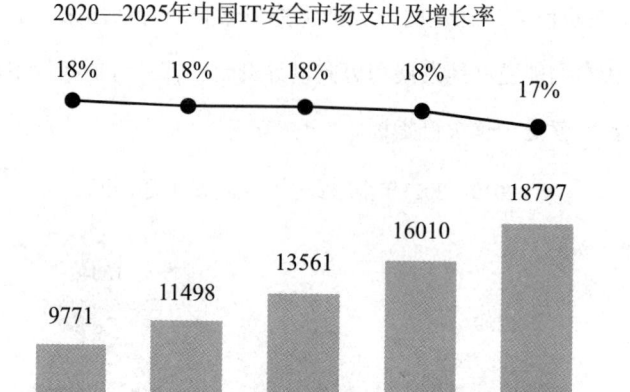

2020—2025年中国IT安全市场支出及增长率

年份	支出（百万美元）	增长率
2021	9771	18%
2022e	11498	18%
2023e	13561	18%
2024e	16010	18%
2025e	18797	17%

■ 中国IT安全市场支出预测（百万美元）
● 中国IT安全市场支出增长率（%）

视线回到国内，在网络安全已经升级为国家战略的背景下，中国企业客户的安全意识也在不断提升，对安全类产品的需求日渐上升。至2021年，中国企业在 IT 安全产品及服务上的支出已经到达 97 亿美元，而据 Gartner、IDC 的预测，这一市场规模还将在 5 年后翻一番，至 198 亿美元的规模。

具体细分市场拆分来看，中国企业在 IT 安全上的支出主要包含三方面：对软硬件产品的需求、对安全类咨询服务的需求以及对网络安全人才的需求。其中安全硬件在整体网络安全支出中始终占据主导地位，而这个细分市场就是乐研科技所在的主战场。

经过近 20 年的发展，乐研科技已经从行业的边缘追随者，逐渐挤

第五部分 未来篇：海纳百川，有容乃大（2022年至未来）

进舞台中央，成为行业目前的绝对主角。

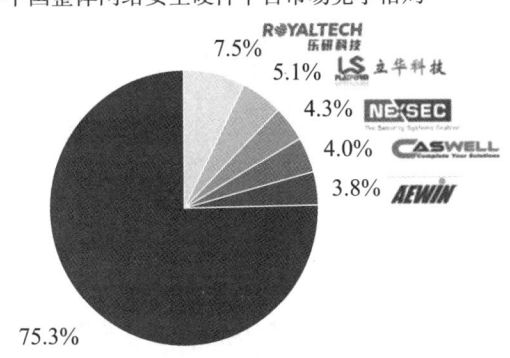

2021年中国整体网络安全硬件平台市场竞争格局

- 乐研科技 7.5%
- 立华科技 5.1%
- 兴汉网际 4.3%
- 瑞祺电通 4.0%
- 其阳华夏 3.8%
- 其他 75.3%

■乐研科技　■立华科技　■兴汉网际　■瑞祺电通　■其阳华夏　■其他

据艾瑞咨询的市场调研，从市场格局看，当前中国整体网络安全硬件平台行业格局较为分散，CR5（前5大企业）集中度约为25%。其中台湾厂商仍然占据主要地位，占据了4席；但内资厂商乐研科技入围，并且是市占率排名第一的企业，比第二名立华科技高出2.4个百分点。

如前文所述，伴随着国产化趋势的加速，国产化网络安全设备硬件平台对整体市场的贡献比重将进一步提升，从而会驱动大陆厂商的市场竞争力与市场份额进一步提升。

此外，伴随着行业标准化以及行业生态的逐步建立与完善，头部厂商的行业影响力有望提升，网络安全硬件平台厂商将扮演更重要的角色，这会助力网络安全硬件平台厂商构建更坚实的护城河。

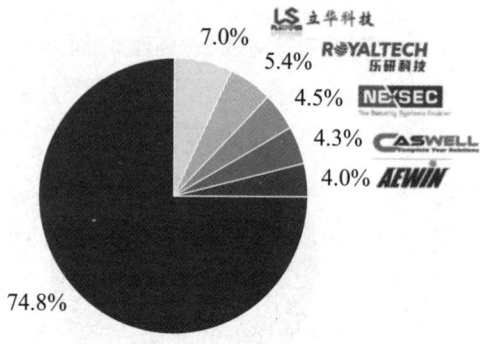

2021年中国传统网络安全硬件平台市场竞争格局

- 立华科技 7.0%
- 乐研科技 5.4%
- 兴汉网际 4.5%
- 瑞祺电通 4.3%
- 其阳华夏 4.0%
- 其他 74.8%

据艾瑞咨询的市场调研，与整体网络安全硬件平台的格局相仿，传统网络安全硬件平台市场格局亦较为分散，CR5集中度为25.3%。传统网络安全硬件平台市场一直都是台资厂商的主战场，因此台资厂商的龙头立华科技目前占据第一位置，而国产厂商乐研科技紧随其后。

信息安全设备制造行业的市场格局受到整体信息安全行业格局的影响，存在阶梯匹配的特征——CR5厂商以提供中高端、高端产品为主，市场中其余厂商则偏重中低端产品，或者以低价策略瓜分剩余市场份额。

乐研科技从中低端市场起家，一路升级进入中高端和高端市场，目前靠入门产品在中低端市场占据大量市场份额，同时在中高端市场不断蚕食外资厂商的市场份额，整体处于进可攻退可守的状态，战略优势明显。

并且伴随产业发展成熟度的提高，网络安全软件厂商对安全硬件平

第五部分 未来篇：海纳百川，有容乃大（2022年至未来）

台的质量、性能、稳定、可靠等方面的要求将显著提升，中高端产品渗透率将进一步增长。而乐研科技也将获得更大的发展机遇，甚至大概率在传统网络安全硬件市场中也将全面超越台资厂商。据周玲透露，2022年乐研科技就已在传统市场全面超越台资厂商。

同时，乐研科技不断推进管理能力升级，通过聚合资源、强化管理、构建生态等多种手段逐步强化行业壁垒，将扩大其行业影响力及市场份额。

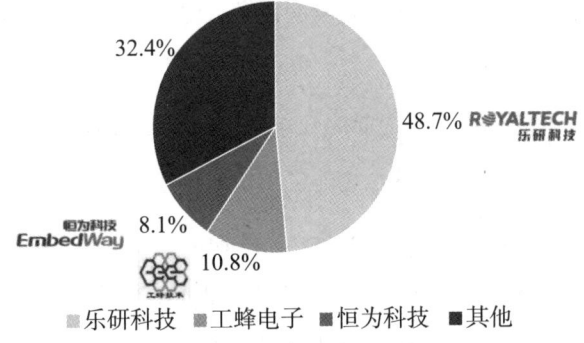

2021年中国国产化网络安全硬件平台市场竞争格局

- 乐研科技 48.7%
- 工蜂电子 10.8%
- 恒为科技 8.1%
- 其他 32.4%

据艾瑞咨询的市场调研，国产化网络安全硬件平台市场则完全是内地厂商的天下。从市场格局来看，国产化网络安全硬件平台市场高度集中，CR3占比接近70%，乐研科技一家厂商占据接近50%的市场份额。

这个市场格局的形成，是因为下游客户对国产化网络安全硬件平台审查严格，要求产品质量及产品能力满足更高标准。而能够提供符合要求的平台厂商非常有限，且用户采购以中高端产品为主，让传统网络安全硬件平台领域中的长尾厂商很难跨界进入该领域。

当前，乐研科技凭借其对国产化市场的领先理解和提早布局确立了领先优势。未来，伴随占据主导地位的头部厂商持续扩大产品研发投入，提升国产化芯片适配能力，很可能将长期占据市场的主导地位。

同时，国产化市场正在急速增长，市场占比逐渐加大，2025年后就将全面超越传统市场，至2030年时市场份额会进一步扩大到75%。

一方面是在传统网络安全硬件平台市场逐渐扩大竞争优势和市场份额，向市场第一迈进；另一方面是在国产化网络完全硬件平台市场形成绝对领导地位，且长期而言难以撼动。因此已经在整体市场中处于领导地位的乐研科技，将加速扩大自身的市场占比，并不断形成自身的市场统治地位。

据周玲透露，2022年之前的几年乐研一直维持着每年至少翻一倍的速度在快速增长，未来这个增速也将长期保持。

而且当前的乐研，在技术储备、人才储备、资本储备都充足的情况下，已经不局限于只在网络安全硬件平台的传统市场和国产化市场耕耘，而是打算提前布局，为未来开辟第三增长曲线以及第四增长曲线。

其实这个策略和2011年开始布局中高端，2016年后开始加大国产化市场投入一样，周玲总是要在市场大趋势的苗头还未出现之前，提前为未来布局。而这也是乐研总能先人一步抢占先机，从一个边缘追随者一步步打怪升级到现在的关键。

第五部分　未来篇：海纳百川，有容乃大（2022年至未来）

"2520"计划

"经常忙到晚上12点。"2022年上半年，乐研科技整个团队都忙得不可开交，因为大家都在全力推进国产化订单的按时交付。

其中，研发团队正在拼命解各种bug，为安全硬件平台最终能向客户交付扫清障碍；测试团队正对源源不断送来的样机做测试，保证所有的样机都能跑通；生产团队则24小时和ODM厂商沟通着实时的生产进度，保证所有的产线不出问题，生产任务能顺利推进；采购团队则是不断根据当前的新增订单需求、元器件备货情况测算下一个阶段的元器件采购情况，而且他们还需要经常和上游芯片厂商保持沟通。获得对方当前的产能实时情况以及产线有没有出现突发状况，好尽快为自己启动备选供应方案。

销售团队也不"轻松"，虽然拓展新客户和新订单不是他们当前最重要的任务，但他们要忙着向没有订到足够货的客户解释当前乐研科技的产能情况以及产能爬坡进度，并为紧急的客户尽量协调产能等。

这样的忙碌有条不紊，周玲作为"总调度"经常穿梭于各个"火场"负责解决各种突发的系统级问题。但周玲并没有完全陷入这种忙碌无法自拔，他喜欢在每天临睡前给自己留出一段时间，用于公司未来战略的思考。

在五一节假日后开始上班的第一天，周玲把管理层都召集到了公司办公室开会。他开会的目的不是为了统筹最近各个条线的进展，也不是为了解决某个突发的交付问题，而是想要发布一个计划，一个面向未来3年战略目标制定以及分步实施的计划。

周玲将这个计划命名为"2520"计划，名称就是计划的目标，即到2025年时，要实现20亿元的营收目标。为了实现这个目标，一方面乐研科技要开辟第三和第四业务增长曲线；另一方面要培养和储备100位干部，因为若达成这个目标，周玲测算未来公司的人员规模要达到500人。

先说业务增长曲线。在周玲看来，定制服务器和物联网边缘网关都是乐研科技能够进入的市场，而前者比后者更紧急，因此优先做定制服务器业务，作为第三业务增长曲线，2022年便开始落地实施；而物联网边缘网关则作为第四业务增长曲线，2023年开始启动。

为什么周玲要做定制服务器市场？首先服务器的产品逻辑和网络安全硬件平台是一脉相承的，供应链也能复用。据周玲介绍，早年网络安全硬件平台市场刚在中国出现时，很多厂商技术能力不足，都是用服务器搭配一些软件就当作网络安全硬件平台卖给客户，而且当时价格特别贵，能到达几万至几十万元。此时在网络安全硬件平台市场积累了足够技术实力和供应链基础后，周玲认为乐研科技已经具备进入服务器市场的实力。

其次，服务器市场规模足够大。根据IDC发布的中国服务市场季度跟踪报告数据显示，2021年中国服务器市场销售额达到250.9亿美元，增长12.7%，持续领涨全球，在全球市场占比25.3%，同比提升

第五部分 未来篇：海纳百川，有容乃大（2022年至未来）

1.4个百分点，出货量达到391.1万台，同比增长8.4%。据预测，此后几年中国服务器市场的增速都将领涨全球，至2025年仅X86服务器市场规模就将达到407亿美元（约2750亿元人民币），5年复合增长率为12.82%。

具体到国内市场，据东吴证券研报显示，2020年党政行业服务器采购规模约40万台，约占到服务器出货量的15%；存量接近300万台。金融和电信的信创需求超过行业信创总需求的一半。2020年电信行业服务器采购规模为40万台，未来年采购规模有望提升至60万台。2022年，以电信、联通等运营商为代表，其公开发布的服务器集采中国产CPU服务器占比将超过30%。因此周玲认为，乐研科技完全有能力在这个增量市场分一杯羹。

最后，客户群体是共通的。服务器和网络安全硬件平台都是企业客户机房的关键设备，乐研科技已经积累了大量客户，他们同时也有服务器的采购需求，乐研科技可以复用销售渠道，实现交叉渗透。

但想进入服务器市场也并非易事，乐研科技还要面对大量挑战。

虽然服务器市场规模很大，未来增速预期可观，但这也是一个相当成熟的市场。中国服务器行业企业大致分为三个梯队。第一梯队的企业是以浪潮、华为、新华三为代表的服务器行业领先企业，这些企业除了在中国市场占有率相对较高，同时在全球市场上也属于排名靠前的服务器企业；第二梯队是一些在国内销售情况相对较好，且企业规模较大的企业，包括联想、中科曙光、神州数码等；第三梯队是从事服务器制造的上市企业，包括太速科技、五舟科技、同方股份等。

从全球格局来看，当前全球Top5品牌商市占率稳定在50%以上。

而在中国，浪潮服务器以31.4%的市占率，继续保持中国市场第一。在这种集中度比较高的成熟市场，头部的厂商往往具有极强的技术壁垒和稳定的客户关系，新进入者想要突出重围绝非易事。

另外，就像网络安全硬件平台市场一样，上下游都有比较稳定的合作关系，特别是大客户一般不会轻易切换供货商。因此乐研能在网络安全硬件平台市场让客户信服，不代表在陌生的服务器市场依然可以让客户买单。

在周玲看来，目前这些都不是无法解决的问题，因为乐研科技此次进入服务器市场要采取的仍是差异化策略，这个策略曾经帮助乐研科技在网络安全行业从边缘玩家突出重围并站稳脚跟。

在周玲的计划里，乐研首先要进入的并非传统服务器市场，而是高端的定制服务器市场。后者是随着服务器产品结构升级，主要满足客户对高配置、高附加值的多元计算服务器的需求。而乐研在高端网络安全硬件平台市场积累的技术、经验、供应链以及客户都可以复用。

而且浪潮、曙光等通用服务器厂商，接的订单都是动辄几万、几十万量级的规模，满足的是客户对性能灵活、使用场景和行业范围广、容易替代的产品需求。

高端的定制服务器市场，客户的单次采购规模一般在千台的量级，而且客户更追求对特定个性化场景需求的高度定制化方案，以及要求服务器性能要足够稳定，能长期运行而不需要频繁更换和升级。

面对这样的市场，巨头们根本不愿意做，因为规模太小而且做起来太麻烦。而这些需求对应的能力，正是乐研的专长。

另外，还有一个重要变量，让很多客户会考虑乐研科技这样的厂

第五部分 未来篇：海纳百川，有容乃大（2022年至未来）

商。这个变量就是美国对中国重点科技公司无规律的长期制裁。

2022年6月，美国商务部部长雷蒙多（Gina Raimondo）声称，白宫正积极考虑将更多中国公司列入出口管制的实体黑名单，同时也在调查中国逃避美国制裁的行为。雷蒙多同时还臆称，中国不断想新招规避制裁，包括设立新公司等，可能情况下希望与美国盟友合作，使贸易限制与美国出口管制一致。

2022年8月23日，美国商务部线上发布通知，以所谓"国家安全"及外交政策问题为由，将七家与航空航天有关的中国相关实体添加到其出口管制清单中，限制他们与美国企业合作。

服务器市场也不乐观。浪潮、曙光等厂商都已经是巨无霸，很容易成为美国科技制裁打击的目标。一旦这些厂商遭到制裁，无法正常交付，下游客户也会随之被卡脖子，影响后续的业务进展甚至战略推进。而从笔者了解的情况来看，乐研科技这种规模不大不小的"隐形冠军"则非常适合做备选方案。

据一位资深人士分析，国内这两年力推"专精特新小巨人"应该也有这方面的战略考量。相比于把赌注都押到屈指可数的一些巨头企业身上，还不如化整为零，孵化大量"隐形冠军"出来，既能保证在关键领域实现核心技术突破，又不容易被锁定为制裁对象。

在通过不断辩证地分析判断后，乐研最终下定决心进入高端定制服务器市场，并且已经开始落地推进。而物联网边缘网关市场，也存在相似的逻辑，这是一个规模为加海量的市场，而且目前市场极度分散。周玲认为这个市场可以提前布局，虽然短时间内见效不会很快，但中长期而言是一个有足够想象空间的前瞻性业务。

为了保证第三、第四业务增长曲线能顺利实施，同时传统网络安全硬件平台和国产化平台业务依然能保持当前高歌猛进的发展节奏，乐研科技就必须拓展团队规模。其中培养100位干部的目标，被周玲设置为了"百人干部计划"。

周玲作为"校长"，亲自负责这项计划的落地，参与选拔、培养、实践等流程的制定和实施。"只要是能力差不多，学历差不多的团队成员，我们都会想办法往'百人干部计划'里安排，想尽办法尽快培养，以促使他们在管理能力方面快速成长。"周玲说道。

另一方面，收购成熟的团队和公司，也是乐研科技目前备选的方案之一。为了推进高端定制服务器业务落地，乐研科技已经在深圳成立了研发子公司，并收购了一个高端服务研发团队，目前已经开始运营。

周玲分析，2022年高端服务器业务的营收目标是能实现3000万～5000万元，到2025年的目标则是5亿至6亿元。在1700亿元的大盘子里，在高端服务器需求开始大量涌现的情况下，周玲信心满满。而物联网边缘网关业务，周玲的计划是在2025年实现1亿～2亿元的规模。

一直以来，乐研科技坚持以"国际的就是国产的，国产的就是国际的"理念为指引，采用国际化的标准、流程，以国际和国产经验相互融合，推动高水平的国产化，打造多维度、多层次的产品体系，助力国内国际双循环的建设，为中国数字化时代的发展保驾护航。

而具备了国际化标准工艺和实力的情况下，相信不久的将来乐研科技也将踏实国际化业务开拓的征程，成为世界范围内网络安全硬件领域的"隐形冠军"。

对于整个信创产业而言，乐研科技是一个典型代表，也是一个时代

第五部分　未来篇：海纳百川，有容乃大（2022年至未来）

缩影。它的艰难与困顿、求变与突围、成长与蝶变，既是它自己的真实写照，也是整个信创产业蝶变之路的缩影。

长期主义者的蝶变

"在担任CEO的8年多时间里，只有3天是顺境，剩下的8年几乎全是举步维艰。"本·霍洛维茨（Ben Horowitz）在《创业维艰》中直言，创业的一个伟大之处，是面对各种挑战和困难之后的抉择。

长期主义很重要，但很难坚持。主要是几个维度：一是当下的诱惑；二是企业的生存压力；三是企业家的眼光和定力。

事实上，选择做一个小而美的附属型企业，还是做一个代表着趋势和未来的不可或缺的独特公司，从一开始就会产生分野。这种选择无关对错，却关乎如何通过做比难更难的事而创造出更大的价值。

之于后者，其从默默耕耘到硕果累累，往往都要经历一个艰难而又漫长的过程。对于长期主义者而言，坚持做"难而正确的事"是通往基业长青的必经之路。

北京大学国家发展研究院教授宫振玉曾分享过一个经典案例：关于华为、小灵通与3G的战略选择。20世纪末，中国电信推出了小灵通，当时UT斯达康和中兴通讯依靠这项业务取得了高速发展。UT斯达康一年的销售收入曾经达到100亿元，在当时这是足以让所有企业都为之动心的数字。

华为管理层当然也看到了这样的机会，所以很快就提交了从事小灵通业务的计划。但是出乎所有人意料的是，任正非否决了这个计划。任正非否决小灵通的理由是，小灵通注定是一个过渡的、短暂的技术，而3G才代表未来，华为不能做机会主义者。

在他看来，错过小灵通，华为可能失去的是一大块利润，但这还是可以接受的。如果华为错过了3G，那就将严重影响华为成为一个伟大企业的进程，那才是一个根本性的失策，是绝对不可饶恕的。华为因此把大部分人力和财力投入在全球范围内还没有商用的3G业务，8年后的2009年，华为终于获得了第一块3G牌照。

后来的故事被公众所熟知，华为一飞冲天，把所有竞争者都抛到了身后。正是因为当年在3G的豪赌和持续投入，才成就了今天的华为。至于当时风光一时、占据中国小灵通市场半壁江山的UT斯达康，主流市场上，现在已经很难看到这家企业的身影了。

愚者贪捷径，智者入窄门。对于走过了十余年漫长征程的乐研科技而言，从毅然决然地扎入一个既陌生又没有任何优势的领域，与来自中国台湾的先行者们同场竞技，最终成为垂直细分市场当之无愧的王者。没有十余年的积累和磨炼，也就没有今天乐研科技在信创产业中的不可替代。

对于乐研科技而言，2022年无疑是个丰收之年。1月21日，北京市经济和信息化局正式发布了2022年度第一批"专精特新"中小企业名单，经过严格的筛选及专家评审，北京乐研科技股份有限公司成功入选。

进入"专精特新"名单不是目的，更不是终点，要把"专精特新"精神融入到产业生态中。未来，乐研科技将继续坚持自主创新之路，加

第五部分　未来篇：海纳百川，有容乃大（2022年至未来）

强技术创新、管理创新、服务创新，大力推动国产化产品研发，并努力成为行业的引领者

如果说入围"专精特新"榜单是对乐研科技高质量发展成绩的认可，那么成为新一批专精特新"小巨人"则是对其以创新、自研为特色的核心竞争力的权威认定。

2022年2月10日，北京市经济和信息化局公布了《北京市2021年度第二批专精特新"小巨人"企业名单》，北京乐研科技股份有限公司成功入选。

乐研科技作为国内领先的网络安全硬件产品及整体解决方案提供商，自成立以来一直深耕于网络安全行业，致力于为客户提供高品质的网络安全硬件解决方案。经过多年的积累，乐研科技因为提供的性能可靠、差异化的创新设计而得到市场的充分认可，并在行业竞争中步步领先。

从乐研科技的发展脉络来看，始终坚持专业化、创新发展战略，坚持自主研发和成果转化，专注于网络安全硬件创新，对产品研发大力投入，是其成为专精特新"小巨人"的真正原因。

创业就是一场场精疲力尽的恶战，一次次峭壁边缘，一个个不眠之夜。关于创业过程中血淋淋的真相，周玲这个"幸存者"有着最为真切的感受。以周玲为代表的乐研科技管理层始终深知，乐研科技能够取得今天这样的成就，正是源自于企业自身的实践与国家战略的契合。正因如此，在信创产业方兴未艾的当下，乐研科技还将继续秉承专业化、精细化、特色化、新颖化的发展理念，依托国家及北京市相关政策，坚持自主创新之路，加强技术创新、管理创新、服务创新，发挥专精特新

"小巨人"的示范作用,大力推动国产化产品研发,推动和引领行业高质量发展。

在新总部大楼的落成仪式上,乐研科技董事长周玲向给予公司大力支持的所有客户、合作伙伴,为乐研科技事业发展付出辛勤劳动的员工,以及关心支持乐研科技发展的各界人士表示衷心的感谢。

凡成大事者,必有大格局。趋势为友、时间为基。周玲指出,过去16年的创业历程,乐研科技不忘初心,从默默无闻到网络安全硬件产品领军品牌;规模从几十平米的小厂房到数千平米的办公环境;从网络安全需求的执行者到行业标准的制定者;以远见谋创新,以实力谋发展,乐研科技形成了高品质、差异化的产品竞争战略。熠熠生辉十六载,饱含的是乐研人的不懈追求,凝聚着乐研人的精诚匠心。

《孙子兵法》有言:"求其上,得其中;求其中,得其下;求其下,必败。"一个企业家顶级的自律,是愿意做困难但有价值的事,走正确却难走的路。乐研的创业之路一开始并不容易,但一直在突破自己,最终把窄路走成宽途。

创业是一场长期的马拉松,拼的是实力,更是耐力,只有聚焦长期价值创造,才能跳出短期利益的视角,时间最为公正,日拱一卒,功不唐捐,定会收获丰厚的回报。16年来,乐研始终专注于信息技术产业创新,始终坚信品质是企业发展的基石,始终以诚信为本,与产业链上下游形成了紧密合作。在快速变化的市场中,求新求变、超越突破是唯一的制胜法宝,从国产化战略的执行者到行业标准的制定者,乐研坚持不断开辟全新领域,大力发展全面国产化产品体系。

"我们深知,自主发展的路上,离不开众多国产芯片、安全软件、

BIOS、操作系统等合作伙伴的共同协作、紧密配合。过去几年，这些合作伙伴始终与乐研携手并肩、务实笃行，这也恰恰是对乐研人'诚信为本'品质的肯定。"周玲说道。

创业更像一种修炼，修炼的不仅是身经百战的一副体魄，更是无为而新的一种心态。创业是条修行路，不断修正，砥砺前行，终成正果。16年的创业之旅，乐研科技用不变的价值初心，打开边界、引领变化，才成就了自身王者蝶变，也为行业提供了一条参考路径。

千里之行，始于足下，如今，我国在芯片、操作系统、网络安全硬件、数据库、虚拟化等多个重点领域，涌现出如乐研科技这样的一批技术型企业，为信创注入了发展能动，实现了筑基。信创产业，已不是单一单向式的发展，而是齐头并进式的创新，是整合与统筹，是开放与生态。

后　记

面对百年未有之大变局，当今世界形势错综复杂，如何实施好中国"双循环"战略，是摆在我们面前需要研究的重大课题。

1986年，针对德国在全球出口贸易上持续取得成功的议题，时任欧洲市场营销研究院院长的赫尔曼·西蒙与哈佛商学院的西奥多·莱维特教授讨论之后，得出了一个观点："德国出口贸易的成功并不能简单地归功于德国的大公司，而应该归因于德国众多的中小公司，特别是那些在国际市场上处于领先地位的中小企业。"

当时，超级跨国公司模式风行全球、《基业长青》一书风靡世界，西蒙的观点显得有些"不合时宜"。不过，这并没有妨碍西蒙进一步研究，通过对400多家企业调查，最终，在《隐形冠军》这本书中，西蒙做出如下判断：

德国经济真正的基石不是声名显赫的大企业，而是在细分市场默默耕耘并且成为行业领袖的中小企业，它们的技术创新遥遥领先，人均拥有专利数甚至远远超过世界500强公司，但是，因为行业相对生僻、加上专注的战略和低调的风格，它们往往都隐身于大众的视野之外。

"对'隐形冠军'而言，真正的竞争优势就在于有些事情只有他们才做得了。"西蒙认为。大部分"隐形冠军"位于产业链上游，因为不与终端消费者产生直接联系，公众知名度比较低，故名"隐形"。但它们往往行动敏捷，高度专注某一细分领域，或者某一缝隙市场，而这类市场通常对产品品质的要求很高，它们的产品创新遥遥领先于同行，它们大音希声，埋头苦干，瞄准的是庞大的国内市场，却又大象无形。

稳链、固基、补链、赋智……这恰恰也是当前面对全球格局动荡，相关部门不断持续提出要强化国内构建产业链韧性、大力发展"专精特新"企业的真谛。

"专精特新"一词来自于2021年1月23日，财政部、工业和信息化部联合印发的《关于支持"专精特新"中小企业高质量发展的通知》，系中央财政重点支持的高质量发展的中小企业。从概念上而言，专精特新就是指具备"专业化、精细化、特色化、新颖化"特征的企业，它们专注于细分市场、创新实力强、市场占有率高、掌握核心技术，质量效益均处于排头兵的地位。

作为信创领域网络安全硬件平台龙头企业，乐研科技在2022年1月21日成功入选了北京市经济和信息化局公布的2022年度第一批"专精特新"中小企业名单。该名单经过严格的筛选及专家评审，是对乐研科技技术水平、创新能力、发展质量及综合实力等方面的认可，也是对乐研科技多年来坚持自主创新、始终保持市场竞争优势的肯定。

这一切，与乐研十几年的技术深耕，以及在国产化领域的前瞻布局、大力研发密切相关。在本书的写作过程中，笔者不止一次被乐研"十年磨一剑"的精神所感动和振奋。从董事长周玲敏锐地发现国产网络安全设备这一市场需求，到决心进行研发，乐研科技为此投入了大量的人力、物力。分毫必争，背后是肯攻关、肯奋斗、学以致用的"匠心"；由弱变强，离不开肯吃苦、肯坚持、乐于研究的"恒心"；敢于争锋，彰显了自主创新、客户至上的"初心"。

如果"隐形"是形容企业在某一领域悄然成长，那"冠军"则彰显其无法超越的竞争地位。如今，在国产化网络安全领域，乐研科技一家占据接近50%的市场份额，并且呈现持续扩大的趋势，显然是个值得观察的"隐形冠军"案例。

事实上，随着技术不断发展、产业链不断完善、市场需求不断提升，各方对于网络安全硬件产业发展的认识，也在持续加深。

根据工业和信息化部的定义，专精特新"小巨人"企业是"专精特新"中小企业中的佼佼者，是专注于细分市场、创新能力强、市场占有率高、掌握关键核心技术、质量效益优的排头兵企业。相对于专精特新，专精特新"小巨人"的申报条件更为严格，必须是极具发展潜力与成长性，有望在未来成为相关领域国际领先的企业。

百舸争流奋楫者先，千帆竞发勇进者胜。

一个国家或地区的力量，不仅在于那些声名显赫的大企业，也在于那些埋头苦干的中小企业，那些相对"狭窄"的产业领域中拓展出更大发展空间的"小巨人"。正如西蒙在他的《隐形冠军》一书中所言："这样的公司几乎遍布全球的每个角落，从美国到韩国，从南非到新西兰……（它们的经验）对于所有公司来说都是有益的，不论你的企业地处何方，属于哪一个民族。"

正因如此，在信创产业方兴未艾的当下，乐研科技还将继续秉承专业化、精细化、特色化、新颖化的发展理念，依托国家及北京市相关政策，坚持自主创新之路，加强技术创新、管理创新、服务创新，发挥专精特新"小巨人"的示范作用，大力推动国产化产品研发，推动和引领行业高质量发展，助力国内国际双循环的建设，为中国数字化时代的发展保驾护航！

附录一

中国信创产业大事记

【觉醒阶段】1986—1999 年

1986 年

一份《关于跟踪战略性高技术发展的建议》的信递上了邓小平同志的案头。王大珩、王淦昌、杨嘉墀、陈芳允 4 位著名科学家联合建议党中央及时跟踪世界先进水平、发展高技术。

中共中央、国务院正式批转了《高技术研究发展计划纲要》。选择对中国未来经济和社会发展有重大影响的生物技术、航天技术、信息技术、先进防御技术、自动化技术、能源技术和新材料 7 个高技术领域的 15 个主题项目，作为我国高技术研究发展的重点。

1991 年

邓小平同志挥笔为 "863 计划" 题词 "发展高科技，实现产业化"，再次给为实现 "863 计划" 而攻关的科学家们以鼓励，也为我国高科技的发展指明了方向。

1993 年

中软推出第一代基于 UNIX 为底层的国产 Linux 操作系统 "COSIX1.0"，国产操作系统横空出世。

浪潮研发 SMP2000 系列服务器。

【起步阶段】2000—2009 年

2001 年

中芯微设计研发出了中国第一颗可商用的嵌入式 CPU——方舟一号。

2002 年

中国第一款商业化具有自主知识产权的通用高性能 CPU 芯片"龙芯 1 号"研制成功，并为可批量生产提供实际应用。

2006 年

国务院发布《国家中长期科学和技术发展规划纲要（2006—2020 年）》所确定的国家十六个科技重大专项，其中包括"核高基"重大专项。前者是"核心电子器件、高端通用芯片及基础软件产品"的简称。

由北京北方微电子公司和中科信公司承担的"100 纳米刻蚀机与离子注入机设备攻关项目"顺利通过国家验收，标志着我国集成电路装备技术直接跨越了 5 个技术代。该套设备价格超过 1 亿元人民币，是半导体产业的核心设备之一。

"核高基"重大专项领导小组成立，组建了领导小组办公室，组建了"核高基"重大专项实施方案编制专家组，启动了重大专项实施工作。

2007 年

龙芯中科、乐研科技、鼎新高科、中科曙光四方合作完成基于龙芯 2F 芯片的第一款国产网络安全应用。

2008 年

国务院常务会议审议并原则通过了"核高基"重大专项实施方案。

"核高基"重大专项完成实施计划和项目申报指南的编制工作。

乐研科技成功推出了国内第一款 Atom 网络安全硬件平台。

科技部正式发布了关于"核高基"重大专项 2009 年课题申报的通知，按照规划，核高基重大专项将持续 15 年，政府对"核高基"重大专项扶持将持续至 2020 年以后，中央加上地方政府配套资金平均每年的投入约为 40 亿元。强调各方资源的集聚，包括中央财政、地方财政，企业或单位的自筹资金。

【加速阶段】2010—2015 年

2010 年

两大国产操作系统——民用的"中标 Linux"操作系统和解放军研制的"银河麒麟"操作系统,在上海正式宣布合并,双方今后将共同以"中标麒麟"的新品牌统一出现在市场上,并将开发军民两用的操作系统。

2014 年

中国银监会、国家发展改革委、科技部、工业和信息化部四部委联合公布了"关于应用安全可控信息技术加强银行网络安全和信息化建设的指导意见"。该指导意见的发布是中国进一步重视信息安全的体现,也要求银行业对信息安全与信息主权问题更加重视,打破 IT 设备被少数国外厂商垄断,应用国产品牌。

飞腾第一款兼容 ARM 指令集的 CPU——FT-1500A 研制成功,为信息系统国产化注入了一针"强心剂",被认为是一款"打破了国外在高性能通用 CPU 领域的技术垄断"的产品。

国开金融、中国烟草、亦庄国投等作为发起人共同签署了《国家集成电路产业投资基金股份有限公司发起人协议》和《国家集成电路产业投资基金股份有限公司章程》，标志着大基金正式设立，重点投资集成电路芯片制造业，兼顾芯片设计、封装测试、设备和材料等产业。一期募资1387亿元，二期募资2041.5亿元。

【可靠阶段】2016—2018 年

2016 年

中国电子工业标准化技术协会信息技术应用创新工作委员会（简称"信创工委会"）成立。

中共中央办公厅、国务院办公厅印发《国家信息化发展战略纲要》，要求将信息化贯穿我国现代化进程始终，加快释放信息化发展的巨大潜能，以信息化驱动现代化，加快建设网络强国。《纲要》是规范和指导未来10年国家信息化发展的纲领性文件。

2017 年

"核高基"重大专项第二批工程启动会召开。

《国家网络安全法》发布，以立法的形式保护关键信息基础设施的安全，并对关键信息基础设施保护提出具体要求，开启了国家关键信息基础设施安全保护新模式。

2019 年，国产 CPU 进入"收获期"，华为发布鲲鹏 920，兆芯发布 KX6000，龙芯 3A4000 成功流片，飞腾发布 FT2000/4，海光发布 86 CPU、申威发布 SW3232。

【整体布局阶段】2019 年至今

2019 年

党政和八大重点行业的"2+8+N"试点开始，(即党政＋金融、电信、电力、石油、交通、教育、医疗、航空航天八大关键行业＋信创产品全面应用)，开启了我国信创行业新局面，推动了 IT 产业核心关键产品的国产化应用进程，涌现了一批具备核心竞争力的 IT 底座公司和产品。

2020 年

《国家政务信息化项目建设管理办法》出台，"安全可靠""网络安全"成为重点，政务信息化项目在报批阶段，要对产品的安全可靠情况进行说明。

附录一　中国信创产业大事记

党的十九届五中全会公报指出，坚持创新在我国现代化建设全局中的核心地位，把科技自立自强作为国家发展的战略支撑。在提出的十二项核心任务中，将"创新、科技自立自强"放在首要和核心地位。

国家发展改革委、科技部等四部门联合发布《关于扩大战略性新兴产业投资 培育壮大新增长点增长极的指导意见》，要求加快基础材料、关键芯片、高端元器件、新型显示器件、关键软件等核心技术攻关，大力推动重点工程和重大项目建设，积极扩大合理有效投资。

2021 年

《"十四五"软件和信息技术服务业发展规划》发布。《规划》提出要壮大信息技术应用创新体系。开展软件、硬件、应用和服务的一体化适配，逐步完善技术和产品体系。

工业和信息化部直属事业单位"中国电子学会"联合十六家企业和机构共同发布的《中国信创产业发展白皮书（2021）》指出，未来三年信创产业将开始在重点行业领域全面推广，产业迎来黄金发展期，至2023年我国信创市场容量将突破万亿元。

《中华人民共和国科学技术进步法》发布，对境内自然人、法人和非法人组织的科技创新产品、服务，在功能、质量等指标能够满足政府采购需求的条件下，政府采购应当购买；首次投放市场的，政府采购应当率先购买，不得以商业业绩为由予以限制。

《"十四五"国家信息化规划》发布，提出关键核心技术创新能力显著提升，集成电路、基础软件、装备材料、核心元器件等 8 大短板取得重大突破等目标，并提出开发网络安全技术及相关产品，提升网络安全自主防御能力。

《关键信息基础设施安全保护条例》正式出台，明确要求，国家制定和完善关键信息基础设施安全标准，指导、规范关键信息基础设施安全保护工作。

2022 年

国家发改委印发《"十四五"推进国家政务信息化规划》。提出坚持安全可靠，强化安全保障。坚持网络安全底线思维，强化网络安全和数据安全，全面落实信息安全和信息系统等级分级保护制度，基本实现政务信息化安全可靠应用。

国家互联网信息办公室、国家发展和改革委员会、工业和信息化部、公安部等十三部门联合修订发布《网络安全审查办法》，电信、能源、金融、公路水路运输、铁路、民航等行业领域的重要网络和信息系统运营者在采购网络产品和服务时，应当按照《办法》要求考虑申报网络安全审查。

附录二

乐研发展
及产品研发历程

2006 年

乐研科技公司成立

被授予 Intel 全球"未来之星合作伙伴"

推出国内第一款 IXP465 平台

2007 年

推出了国内第一款龙芯 2E 安全平台

通过高新技术企业认证

2008 年

推出第一款无线网关平台（中国电信—商务领航）

推出国内第一款 ATOM 安全平台

2009 年

通过 ISO9001 质量体系认证

2010 年

推出国内第一款基于 UTM+ 无线 + 交换机平台

2011 年

推出 ATOM D525 模块化平台

RIS-1091

RIS-1095

推出系列网闸硬件平台

推出国内第一款基于 ATOM+FPGA 平台

推出无线 AP+ 安全网关平台

RIS-091-27C

2012 年

公司自行购买了 500 平米的办公室

189

2013 年

推出全系列嵌入式计算机产品线

REC-2010

REC-2020

成为 Intel 智能系统联盟成员

2014 年

中国首家推出基于 Intel Quark 的行业解决方案

加入 Intel IOT 解决方案联盟

2015年

全面实施平台模块化解决方案，实现全部平台模块化

接口类型	4 ports GbE	4 ports SFP	2 ports 10G SFP+	4 ports 10G SFP+
图片				
接口类型	4 ports GbE 4 ports SFP	8 ports GbE	8 ports SFP	More
图片				……

推出中高端网络安全解决方案

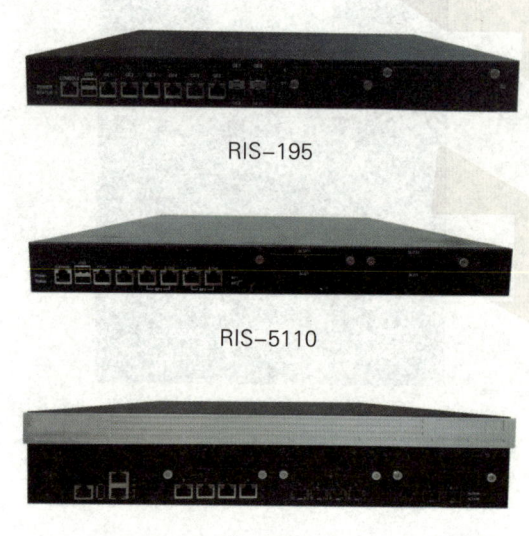

RIS-195

RIS-5110

RIS-5220

2016 年

全面推行管理可视化理念，实施管理信息化平台（OA+ERP+MES）

用友 ERP

MES 生产管理系统

钉钉 OA 系统

推出 Baytrail 系列产品

RIS-1191

RIS-1192

RIS-1192B

RIS-2193

附录二　乐研发展 及产品研发历程

2017 年

更新高新技术企业认证

Intel IOT 解决方案联盟会员级别升级为 AFFILIATE

推出 C236 系列产品

5241

5240

5250

2018 年

推出全系列工业安全平台解决方案

推出飞腾 FT-1500A/4 和飞腾 FT-1500/16 解决方案

FT-1500A/4

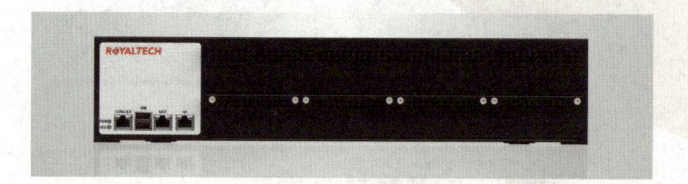

FT-1500/16

推出兆芯解决方案（C4600、KH-20000）

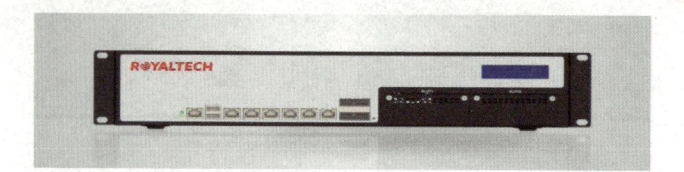

2019 年

推出飞腾 64 核解决方案

推出龙芯 3B4000、2K1000 解决方案

2020 年

推出 ARM 架构网络安全平台解决方案

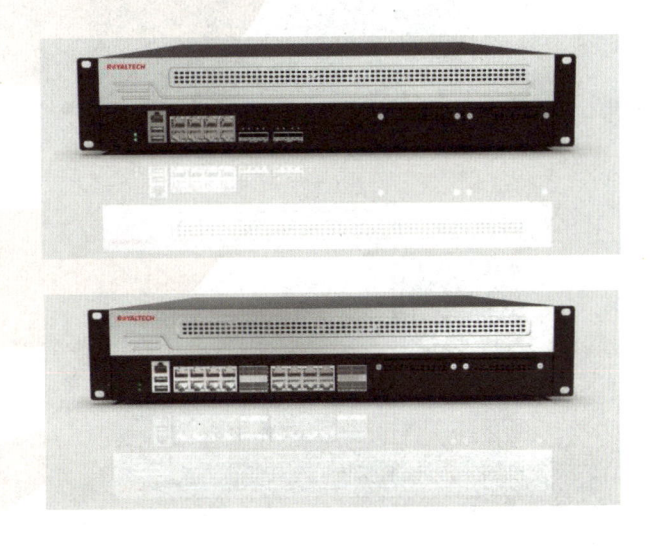

推出飞腾新 4 核、新 8 核解决方案

新 4 核

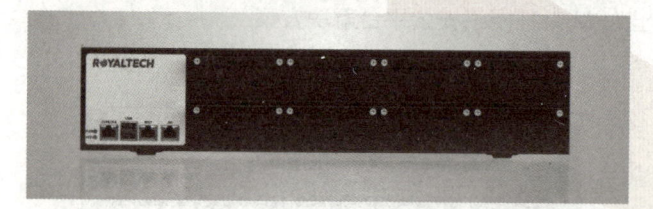

新 8 核

附录二　乐研发展 及产品研发历程

推出海光解决方案

2021 年

公司举办成立 15 周年庆典

发布 2025 规划

公司搬迁到翠湖云中心

开启全国化服务布局

　　乐研科技总部位于中关村翠湖云中心,集研发、制造、供应链、销售、行政于一体。2021 年,公司在苏州设立子公司,打造 1.2 万平方米的生产制造基地;并同步设立华东、华南、西南三大销售区域,实现全国的销售服务网络。2022 年,公司在深圳设立子公司,布局专用服务器、物联网边缘计算平台等新产品开发。

2022 年

乐研科技新总部正式落成、新版官方网站上线

获得北京市专精特新"小巨人"企业认证

附录二　乐研发展 及产品研发历程

成立苏州子公司、深圳子公司、杭州办事处

苏州子公司

深圳子公司

分别发布了基于瑞芯微、飞腾、海光、兆芯处理器的网络安全硬件平台

瑞芯微 RIS-1210

飞腾 E2000Q RIS-5060

飞腾 E2000D RIS-5061 桌面级方案

飞腾 E2000D REC-5061 工业级导轨方案

附录二　乐研发展 及产品研发历程

飞腾 E2000D RIS-5062

兆芯 KX-U6780A 处理器 RIS-7060

海光 C86 3000 处理器 RIS-6840

发布全系列国产化扩展网卡

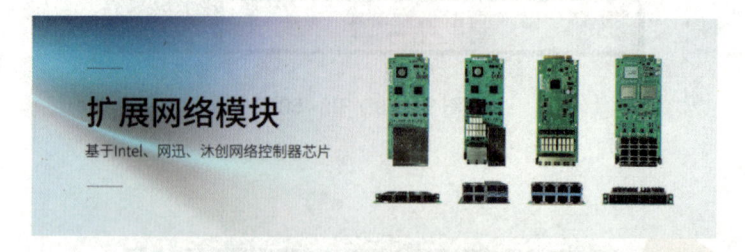

发布了 Intel Comet Lake 系列网络安全硬件平台 (RIS-4300)

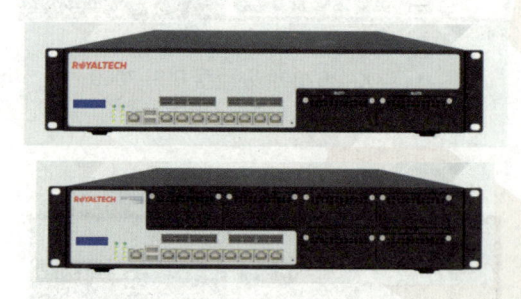

分别加入中国计算机学会、中国网络安全产业联盟、中国通信工业协会物联网应用分会会员单位

附录二　乐研发展及产品研发历程

开展 PLM、MRP、Teambition 等软件部署，增强管理信息化

PLM

成为合作伙伴认证企业 / 会员单位

209